AF474536

DISSERTATION

SUR

LA VIE ET LES OUVRAGES

DE

POTHIER.

Paris 26 mars 1825

Monsieur

J'ai lu avec un vif plaisir vos piquantes et judicieuses reflexions sur la Vie du Chancelier de l'Hospital. Elles me prouvent que je n'ai pas eu si grand tort d'inviter nos grandeurs d'aujourd'hui à jetter un regard sur la statue du grand homme. Je vous remercie de votre aimable attention et je vous prie d'agréer la nouvelle expression des sentimens de considération les plus distingués avec lesquels j'ai l'honneur d'être,

Monsieur,

Votre très humble et très obéissant serviteur

Ml. Rey

de Mantoux, rue du Paon St André, N° 1.

IMPRIMERIE DE HUZARD-COURCIER,
Rue du Jardinet, n° 12.

AVIS DE L'ÉDITEUR.

La *Dissertation sur la vie et les œuvres de* Pothier a paru pour la première fois en tête de la *nouvelle édition* in-8° des œuvres de ce jurisconsulte, publiée par M. Béchet aîné, et qui se recommande par sa correction, sa belle exécution typographique et une excellente table des matières qui manque à toutes les autres éditions.

Nous ne doutons pas qu'à l'avenir cette édition ne soit préférée. Mais on conçoit le regret qu'ont naturellement éprouvé les possesseurs des précédentes éditions, format in-12, de ne pouvoir y joindre cette *Dissertation* qui fait con-

DISSERTATION

SUR

LA VIE ET LES OUVRAGES

DE

POTHIER,

SUIVIE DE TROIS NOTICES SUR MICHEL L'HOSPITAL, OMER ET DENIS TALON, ET M. LANJUINAIS;

PAR M. DUPIN,

DOCTEUR EN DROIT, ET AVOCAT A LA COUR ROYALE DE PARIS.

> ..... Cui Pudor, et Justitiæ soror
> Incorrupta Fides, nudaque Veritas
> Quandò ullum invenient parem?
> HORAT.

PARIS,

BÉCHET AINÉ, LIBRAIRE,

QUAI DES AUGUSTINS, N° 57.

1827

Monsieur

Monsieur Dupin Avocat
Rue Coq-Héron n°. 5
paris

naître d'une manière aussi intéressante que complète, la vie, les travaux et les ouvrages du célèbre auteur du Traité des Obligations.

Pour satisfaire à ce désir, M. Béchet aîné s'est décidé à donner une édition séparée de la *Dissertation* de M. Dupin; et il y a joint, du consentement de l'auteur, trois *Notices* composées par ce jurisconsulte :

La première sur MICHEL L'HOSPITAL,
La seconde sur OMER et DENIS TALON,
La troisième sur M. de LANJUINAIS.

La notice sur L'Hospital, qui a paru en 1825, se lira toujours avec plaisir, même après le travail plus complet et plus étendu que M. Villemain, littérateur aussi éminemment distingué par son talent que par son patriotisme, vient de publier sur la vie de cet illustre chancelier (1). On trouvera en tête de cette notice le *fac simile* d'une lettre de M. le général Foy, qui rappelle un beau mouvement de ce grand orateur, lorsqu'il donnait pour supplice aux modernes gardes-des-sceaux, de jeter les yeux sur la statue de l'Hospital.

OMER et DENIS TALON, avocats-généraux au Parlement de Paris, ont fourni à leur biographe des réflexions neuves sur l'*éloquence* et l'*opposition parlementaires.*

L'article sur M. LANJUINAIS, publié du vivant de ce noble pair, reste vrai après sa mort. C'est l'éloge mérité d'un homme remarquable par sa vaste érudition et par

---

(1) *Nouveaux mélanges littéraires,* par M. Villemain. Janvier 1827, un vol. in-8°.

un beau caractère ; on y verra l'analyse rapide et suivie de son principal ouvrage, de celui où l'on trouve empreintes à chaque page l'expérience de l'homme d'état, la doctrine du jurisconsulte et la vertueuse indépendance du citoyen.

TABLE

DES PIÈCES CONTENUES EN CE VOLUME.

FIN DE LA TABLE.

DISSERTATION

SUR

LA VIE ET LES OUVRAGES

DE

POTHIER.

Je n'entreprends point de faire un *Éloge* de Pothier; on me dirait avec raison : *Tu le loues! eh! qui le blâme?*

Peu d'hommes, en effet, ont su se concilier à un aussi haut degré l'estime de leurs contemporains et le respect de la postérité.

Sa vie n'a pas besoin d'être écrite avec

art, en style académique; il suffit de la raconter:

Ornari res ipsa vetat, contenta doceri.

Au milieu même d'un siècle voluptueux et corrompu, on aime à voir retracer l'ancienne simplicité des mœurs: le paresseux s'émeut quelquefois au récit d'une vie laborieuse; et l'homme le plus incapable d'efforts pour imiter un généreux modèle, ne peut s'empêcher du moins de l'admirer et de rendre hommage à sa vertu.

Mais pour ceux qu'anime le sentiment d'une noble et courageuse émulation, tout devient le sujet de l'intérêt le plus vif dans la vie d'un homme célèbre.

Dans quelle classe de la société est-il né? quelles furent ses premières études? quelles ressources lui furent offertes? quels obstacles eut-il à surmonter? par quels degrés enfin est-il parvenu à ce sommet de la vraie gloire, qu'il est si difficile d'atteindre, et où il est plus difficile encore de savoir se maintenir?

Il est peu de biographies aussi instructives que celle de Pothier.

Ce n'est pas un seul homme qu'il faut admirer en lui : ses jours ont été si pleins, qu'il a réellement fourni plusieurs carrières. Il a suffi à la gloire de la plupart des hommes restés célèbres parmi nous, de se distinguer dans le Cabinet par la haute sagesse de leurs conseils; sur le Tribunal, par leur intégrité; dans la chaire du Professorat, par la profondeur de leur doctrine; dans leurs ouvrages, par la rectitude des principes et la justesse des déductions : mais Pothier a réuni toutes les gloires; le Barreau, la Magistrature, l'École, la Science lui défèrent également leurs palmes entrelacées.

En commençant cette Notice, j'éprouve un sentiment mêlé de crainte et de respect : de crainte, si je ne parviens qu'à donner une idée imparfaite de celui dont j'entreprends de retracer la vie et d'analyser les travaux ; de respect, comme si j'allais parler de mon maître; car Pothier fut aussi le mien : il le sera de tout homme qui voudra s'adonner à l'étude de ses immortels ouvrages.

Mais la reconnaissance pour les secours que la science en a reçus, et pour les facilités qu'il offre à ceux qui s'y livrent, doit doubler les forces de quiconque voudra payer tribut à ce grand jurisconsulte.

§ Ier.

Naissance de Pothier. — Son éducation. — Ses études.

Pothier (Robert-Joseph) naquit à Orléans le 9 janvier 1699.

Son père était conseiller au présidial : il le perdit n'ayant encore que cinq ans, et fut ainsi privé du plus précieux avantage, celui d'être dirigé dans son éducation par un guide affectueux et éclairé.

On le plaça au collége des jésuites. « Ce collége, dit M. Letrosne, était *très faible* (1), et cependant Pothier y fit de bonnes études; parce que les hommes de génie n'ont besoin que d'être mis sur la voie, et ne doivent leurs progrès qu'à eux-mêmes. »

---

(1) M. Letrosne, avocat du Roi au présidial d'Orléans, dans son *Éloge de Pothier*, p. 57, imprimé en 1773. — L'auteur de la notice sur Pothier, insérée dans la *Biographie universelle*, tom. XXXV, dit au contraire, que « ce collége était *très bien dirigé* par les jésuites. » Les jésuites, en effet, ont eu de fort bons colléges; mais ils en ont eu aussi de mauvais. Celui d'Orléans était-il du nombre de ces derniers? Je laisse au lecteur le choix entre le témoignage de l'auteur contemporain et l'obligeante rectification de l'écrivain de 1823.

Il fit son Droit dans l'Université d'Orléans, qu'il devait un jour rendre si célèbre ; et il y trouva moins de secours encore pour l'étude des lois, qu'il n'en avait trouvé au collége pour celle des lettres.

Suivant le témoignage d'un auteur contemporain de Pothier, « les professeurs qui occupaient alors les chaires de l'Université, absolument indifférens aux progrès des jeunes gens, se contentaient de leur dicter quelques leçons inintelligibles, et qu'ils ne daignaient pas mettre à leur portée. Ce n'était pas proprement la science du Droit qu'ils enseignaient (1) : ils ne présentaient de cette science si belle

---

(1) *Voyez*, au sujet de ces reproches adressés à l'université d'Orléans, le *Mémoire sur les moyens de rendre les études du Droit plus utiles*, imprimé à Orléans, sans nom d'auteur, en 1764, et ensuite en 1768 avec le nom de M. Lorris. — L'Université y a fait une réponse.

et si lumineuse par elle-même, que ces chicanes et ces cavillations qui lui sont étrangères, et qui n'y ont été introduites que par l'incapacité et la mauvaise foi de certains rédacteurs des Pandectes : au lieu d'expliquer d'une manière propre à instruire, ils ne remplissaient leurs leçons que de ces questions subtiles inventées et multipliées par les controversistes; » — trop semblables en cela à ces docteurs dont parle Duaren, *qui commentis veritatem obruunt, quò aliquid paulò argutiùs, nec ab aliis antè excogitatum, in medium adduxisse videantur* (1).

Ici encore Pothier sut se suffire à lui-même, et son bon sens naturel lui suggéra les moyens de suppléer au défaut

---

(1) Duaren, *De ratione docendi discendique juris*. Voyez dans le *Manuel des étudians en Droit*, édition de 1824, pag. 136, l'opuscule intitulé : *Réflexions sur l'enseignement et l'étude du Droit*, § VII, *des Subtilités*.

d'un bon enseignement. Il étudia à fond les *Institutes* de Justinien, et dans cette étude il s'aida principalement du Commentaire de Vinnius. Il n'en faut pas conclure que ce Commentaire soit encore aujourd'hui le meilleur ouvrage élémentaire sur le droit romain; mais il l'était alors incontestablement; et le choix qu'en fit Pothier prouve son discernement. Heineccius n'avait pas encore produit ses *Elementa juris*, ses *Recitationes*, et ses *Antiquités*, qui sont assurément fort supérieurs, comme livres élémentaires, au labeur d'ailleurs si recommendable de Vinnius. Celui-ci est exact, instruit; mais il a écrit sans autre plan que celui du texte même des Institutes, auquel il était asservi; il n'a fait qu'un commentaire. Heineccius, au contraire, venu plus tard, nourri de la littérature et de la philosophie de son siècle, aidé par Vinnius lui-même dont il a recueilli la substance a mis plus de critique et surtout plus de méthode dans ses divers Traités (1).

Pothier étudia la Géométrie, et cette science si propre à perfectionner la justesse de l'esprit, quoiqu'elle ne la donne pas, convenait à un génie tel que le sien. Sans doute, cette étude n'a pas peu contribué à lui inspirer cette méthode exacte, ce goût, ou plutôt ce besoin des divisions justes qui répand tant de clarté dans ses écrits, et cet enchaînement de propositions, qui, tenant chaque idée à sa place, lie tout un système, et fait de

---

(1) Je n'ignore pas que quelques professeurs modernes se sont ligués contre Heineccius, pour l'exclure de nos écoles. Ils substituent leurs propres ouvrages aux siens; ou ils affectent de lui en préférer d'autres, qui certainement ne le valent pas. Malgré cette partialité, Heineccius n'en est pas moins le jurisconsulte le plus clair, le plus méthodique, le plus lettré de l'Allemagne, au XVIIIe siècle.

ses diverses parties un ensemble régulier (1).

Après avoir terminé ses études, Pothier se trouva incertain sur le choix d'un état (2). Par suite de la faiblesse de sa santé, peut-être aussi par l'effet des suggestions de ses premiers maîtres, il inclinait à se faire religieux. Heureusement, il fut détourné de ce dessein par l'attachement

---

(1) *Tribuere materiam in partes.....*
Ut pes et caput uni reddatur formæ.
Et former un seul tout de diverses parties.

(2) *In hâc deliberatione, omnium difficillimâ,* dit Cicéron, en parlant des incertitudes qui accompagnent ordinairement le choix d'une profession. — « C'est un malheur attaché à la brièveté de l'existence des hommes, que la nécessité de choisir, dans l'ordre social, la place à laquelle on est propre, dans un âge où il est presque impossible de le savoir. » Discours de M. Bonnet, *Annales du barreau français*, t. II, pag. 176.

qu'il avait pour sa mère (1). Alors il tourna ses regards vers la carrière de la magistrature, qu'avaient suivie son père et

(1) Marie-Madeleine Jacquet, décédée à Orléans, le 2 mars 1762. — On retrouve les raisons qui, sans doute, déterminèrent Pothier à ne pas se faire moine, dans un passage de saint Jean Chrysostôme, qu'il cite dans un de ses Traités à l'occasion des secondes noces. Saint Chrysostôme avait un ami intime, nommé Basile, qui lui avait persuadé de quitter la maison de sa mère, pour se consacrer avec lui à la vie monastique. Dès que cette mère éplorée fut instruite de ce projet, elle me prit par la main, dit saint Chrysostôme, me conduisit dans sa chambre, et m'ayant fait asseoir sur le lit où elle m'avait mis au monde, elle commença à pleurer, et à me parler en ces termes, qui m'attendrirent encore plus que ses larmes: « Mon fils, Dieu n'a pas voulu que je jouisse long-temps des vertus de votre père. Sa mort, qui a suivi de près les douleurs que j'ai éprouvées pour vous mettre au monde, vous a rendu orphelin dès le berceau, et m'a jetée dans tous

son aïeul : c'était un autre sacerdoce où il devait être plus utile à la société.

En 1720, il fut pourvu d'une charge

---

les embarras du veuvage... » (Suit une peinture éloquente de la position d'une veuve, obligée de gérer ses biens sans rien entendre aux affaires, et de diriger l'éducation de ses enfans. Elle rappelle les soins et les dépenses que lui a occasionés celle de son fils, et elle reprend :) « Néanmoins, aucune de ces considérations n'a pu me déterminer à contracter un second mariage, à introduire un autre époux dans la maison de votre père ; je suis demeurée ferme au milieu des fâcheuses nécessités qu'entraîne le veuvage, avec le secours du ciel, sans doute, mais aussi soutenue dans mes peines par la consolation de vous voir sans cesse, de contempler en vous l'image vivante et le portrait fidèle d'un mari trop promptement enlevé à ma tendresse. Cette consolation a commencé dès votre enfance, lorsque vous ne pouviez articuler qu'à peine quelque parole ; dans cet âge où les pères et mères jouissent avec tant de charmes de leurs enfans !..... Ne croyez pas, mon fils, que je

de conseiller au présidial d'Orléans. Il avait alors vingt-un ans.

Assis sur le tribunal, Pothier ne se laissa point aller à croire qu'il n'avait plus désormais besoin de s'instruire; que l'équité naturelle (1) allait lui suffire pour démê-

---

vous rappelle tant de sacrifices pour vous les reprocher. La seule reconnaissance que je vous demande, c'est de ne pas me rendre veuve une seconde fois, de ne pas réveiller une douleur assoupie. Attendez que vous m'ayez fermé les yeux; ma dernière heure n'est peut-être pas éloignée. Lors donc que vous m'aurez rendu les derniers devoirs, et que vous aurez mêlé ma cendre à celle de votre père, prenez alors le parti que vous voudrez, quittez la maison paternelle, personne ne s'y opposera; *mais pendant que je respire encore, supportez ma présence, et ne vous ennuyez pas de vivre avec moi.* »

(1) Celle que les docteurs ont appelée *æquitas cerebrina*, parce qu'elle n'a pour base que la manière de voir de chacun.

ler les ruses des plaideurs et déjouer leur mauvaise foi, et qu'il n'avait au surplus qu'à s'en remettre au temps pour acquérir de l'expérience.

Trop consciencieux pour ne pas embrasser toute l'étendue des devoirs de son état, on le vit, au contraire, redoubler d'efforts pour acquérir une instruction solide, et pour éclairer la pratique journalière des affaires par les vives lumières d'une savante théorie.

Les jurisconsultes de l'ancienne Rome avaient joint l'étude de la philosophie à celle de la jurisprudence; ils en avaient fait la science des choses divines en même temps que la connaissance des choses humaines(1). Pothier sut allier aussi l'étude des lois humaines avec les divins préceptes de l'Évangile. Sa philosophie était

---

(1) Jurisprudentia est divinarum atque humanarum rerum notitia. *L.* 10, § *fin.* ff. *de Justit. et jure.*

celle de ces hommes sages qui connaissent en même temps la dignité de leur origine et les bornes de leur intelligence; qui, par un effort sublime, élèvent leur âme au-dessus des erreurs et des vanités de la terre, pour ne la rendre attentive qu'aux vérités du ciel; qui se courbent avec respect sous le joug aussi doux qu'honorable de la religion, en professent les dogmes et surtout en pratiquent les maximes; qui ne trouvent de vrai bonheur pour l'homme, que dans l'exercice des vertus et dans une parfaite soumission aux lois; en un mot, une philosophie chrétienne. Il ne sépara point l'étude du droit positif de celle de la morale. Il alla puiser aux sources les plus pures. Il affectionnait surtout saint Augustin et les ouvrages des grands hommes de Port-Royal, ces stoïciens du christianisme, pour lesquels il avait la plus grande vénération. M. Nicole fut toujours son auteur favori, comme il l'est de tous ceux qui ont de la justesse dans l'esprit et de la simplicité dans le cœur : il en continua la lecture toute sa vie.

Pothier entreprit aussi les études les plus sérieuses sur le Droit, et mérita bientôt d'obtenir une chaire de professeur qui vint à vaquer dans l'Université d'Orléans.

Sa destinée fut dès lors fixée. Toutes ses pensées, toutes ses affections, tous ses instans furent consacrés à l'accomplissement de ses devoirs comme professeur et comme magistrat Suivons les honorables travaux de ce jurisconsulte, dans sa chaire, sur son siége et dans son cabinet ; partout nous retrouverons l'homme qui sut réunir au plus parfait degré la vertu la plus pure et la science la plus profonde.

§ II.

Pothier professeur.

La Faculté de Droit d'Orléans était sortie de cet état de langueur et d'apathie où elle était plongée à l'époque où Pothier y prit ses grades. Un seul homme, Prévôt de la Janès, avait su ranimer les études et imprimer à l'émulation un nouvel élan. Il avait compris cette pensée de Cicéron, qu'il ne suffit pas de posséder une science, mais qu'il faut encore savoir l'enseigner (1).

Il affectionnait ses élèves; il possédait l'art de se les attacher et de les intéresser à leurs succès. Ce talent, comme l'a très judicieusement remarqué M. Letrosne, est d'autant plus nécessaire à un

---

(1) Non solùm aliquid scire artis est, sed est quædam ars etiam docendi.

professeur de Droit, qu'il n'a pas ce genre d'autorité qui force au travail, mais seulement une autorité de raison et de persuasion. Il a pour disciples des jeunes gens placés dans cet intervalle critique qui sépare l'adolescence de l'âge raisonnable; des esprits ardens qui souvent sont d'autant plus amoureux de l'indépendance, qu'ils ont plus vivement aspiré au terme qui devait les en mettre en possession, et qui, s'ils ont conservé l'habitude et l'amour de l'étude, doivent assez naturellement préférer les agrémens de la littérature(1), ou les spéculations de la philosophie, à l'austérité et à la sécheresse de la jurisprudence.

---

(1) On peut citer l'exemple de l'Arioste. L'ineptie et la négligence de ses maîtres le dégoûtèrent de suivre leurs cours. Ne pouvant les supporter, dit-il, je me suis échappé de leurs mains, et me suis jeté dans les bras des Muses, qui m'ont fait le plus aimable accueil.

Au lieu de ces dictées fastidieuses et trop souvent stériles, Prévôt de la Janès prit la peine de composer pour ses élèves un ouvrage véritablement élémentaire, c'est-à-dire un ouvrage court, méthodique et parfaitement clair. Il l'intitula : *Principes de la jurisprudence française* (1) ; et c'est, dans la réalité, le meilleur abrégé que nous ayons sur notre ancien Droit français.

La Janès ne se borna pas à des *leçons* doctorales, il établit chez lui des *confé-*

---

(1) La Janès a travaillé depuis à un ouvrage plus étendu, qu'on peut regarder comme le développemnt de ses *Principes de jurisprudence.* Le manuscrit qu'il a laissé, en 4 vol. in-4°, avait passé dans les mains de M. Poirier, avocat, qui m'en a fait présent. Les cent premières pages du premier volume ont été rongées par les rats. Les changemens survenus dans la jurisprudence m'ont ôté l'idée d'en donner une édition.

rences particulières, et y joignit, comme moyen d'émulation plus actif, des *exercices publics*.

Ce fut à la chaire de cet estimable professeur, devenue vacante par son décès arrivé en 1749, que Pothier succéda. Il avait déjà publié ses *Pandectes* : c'était assurément un beau titre de préférence; et toutefois si la chaire eût été donnée au concours, peut-être eût-on vu encore une fois quelque Forcadel préféré à cet autre Cujas (1); mais il n'en fut pas ainsi.

---

(1) Le concours est le mode d'élection le plus honorable, et celui qui fait le mieux ressortir la capacité d'un candidat, quand ceux qui en sont juges sont *parfaitement désintéressés*. Mais il arrive ordinairement que la médiocrité seule obtient le dessus, lorsqu'on laisse la nomination aux professeurs de la Faculté. En effet, les vieux titulaires ont un intérêt trop direct à ne pas se recruter de gens plus forts qu'eux, qui leur enlèveraient l'influence sur

La place était à la nomination du chancelier, et ce chancelier était d'Aguesseau. Ce grand magistrat ne s'informa pas si Pothier était janséniste ou moliniste; il savait seulement qu'il était homme de bien et savant jurisconsulte, et il le nomma sans même que le modeste candidat eût osé le demander, quoiqu'on sût qu'il le désirait.

Pothier ne dissimula point le plaisir que lui causait sa nomination; il l'avait ambitionnée pour satisfaire le goût qui le portait vers l'étude théorique et l'enseignement du Droit. Du reste, il y mettait si peu d'intérêt personnel, que voulant consoler M. Guyot, docteur-agrégé,

---

l'esprit des élèves, et les forceraient à travailler pour se soutenir dans l'opinion. Pour paralyser l'envie, il faudrait que des magistrats et des jurisconsultes étrangers à l'école fussent adjoints en nombre supérieur aux professeurs restés juges du concours.

son compétiteur, il fit tous ses efforts pour l'engager à partager avec lui les émolumens de sa place. M. Guyot dut refuser ces offres, et aima mieux ajourner ses prétentions. Peu d'années après, il obtint une chaire par le concours, et resta constamment l'ami de son généreux rival.

La noblesse des procédés de Pothier ne put être surpassée que par la distinction avec laquelle il reprit et continua l'œuvre de Prévôt de la Janès.

Il comprit, comme son prédécesseur, que la science du Droit n'était point la science des subtilités, et ne devait point être enseignée comme celle des augures.

Il sut dégager ses leçons de ce fâcheux esprit de controverse qui ne fait consister l'étude des lois qu'en une vaine dispute de mots.

Il sentit que le principal mérite d'un professeur est de se tenir constamment à la portée de ses auditeurs ; d'être clair, méthodique, simple; de procéder pied à pied, du connu à l'inconnu, et de chercher moins à éblouir les esprits par un vain étalage de citations, qu'à les nourrir de bons préceptes et à les convaincre de leur utilité.

La Janès avait allumé parmi ses élèves le feu sacré de l'émulation; Pothier n'avait garde de le laisser éteindre. Il ne se contenta point d'enseigner *ex cathedrâ*; il descendit aussi avec ses élèves à des *conférences familières*, dans lesquelles il s'assurait de leurs progrès par des questions qu'il adressait au hasard, tantôt à l'un, tantôt à l'autre; il les tenait ainsi tous en haleine, par le désir que chacun d'eux avait d'attirer sur soi l'approbation du maître par des réponses capables de le satisfaire.

A ces exercices particuliers, où les élèves n'avaient qu'eux-mêmes pour témoins de leur capacité et de leurs succès, Pothier, toujours à l'exemple de

Prévôt de la Janès, conserva dans l'Université des *exercices publics* où les plus forts d'entre les élèves disputaient à la fin de l'année sur les sujets qui avaient fait la matière de l'enseignement. Il donna même à ces exercices un nouvel éclat, en y attachant des prix. Ils consistaient en des médailles d'or et d'argent qu'il fit frapper à ses frais (1), au coin de la Faculté, et qui se distribuaient, en présence du public et des personnages les plus distingués (2), par l'Université constituée juge de ce noble combat.

Si l'on se le rappelle, l'*Académie de législation* instituée à Paris avant le ré-

---

(1) Il consacrait à cet usage les émolumens de sa chaire.

(2) Le premier concours s'ouvrit au mois de juillet 1751. Lamoignon de Malesherbes, alors premier président de la Cour des aides, fut présent à l'exercice de 1759.

tablissement des *écoles de Droit* et pour suppléer à leur défaut, dut en grande partie le succès de son enseignement à des exercices de ce genre. Les fondateurs de cette Académie y avaient établi un tribunal fictif, où chacun tour à tour plaidait comme avocat, s'exerçait aux fonctions du ministère public et préludait à celles de juge. Les audiences ordinaires n'avaient pour témoins que les élèves de l'Académie; mais tous les mois il y avait une séance générale présidée par l'un des principaux fonctionnaires de la capitale; le public y était admis; des hommes distingués par leur savoir y étaient invités; c'était une sorte d'audience solennelle. A la fin de l'année, des prix étaient distribués avec une grande pompe, à la suite de discours prononcés par les principaux élèves. — De là sont sortis, pour ainsi dire tout formés, une foule de jeunes légistes qui, plus tard, ont porté dans la magistrature et dans le barreau un talent précoce et qui ne s'est point démenti (1). Dès leurs premiers débuts, ils ont fait preuve d'une maturité, et montré un aplomb que l'école seule ne leur eût pas donné, si les habiles maîtres qui dirigeaient l'établissement n'y eussent joint ces exercices publics qui apprennent à fixer un auditoire, à surmonter cette timidité naturelle aux jeunes gens, et qui, par l'habitude de traiter des espèces fictives, donnent une expérience anticipée pour traiter des affaires sérieuses.

Il est à regretter que les écoles de Droit, du moins celle de Paris, n'aient pas continué sur les mêmes erremens. Mais il semble au contraire qu'on ait pris à tâche de réduire l'enseignement du Droit à ce qu'il a de plus sec et de

---

(1) Mauguin, Hennequin, Parquin, Bourguignon, Marchangy, Sauzey, Duplan, etc., etc., sont sortis de l'Académie de législation.

plus rétréci. Napoléon, restaurateur de ces écoles, voulait bien qu'on y façonnât quelques légistes pour en faire des juges et des auditeurs au conseil d'État; mais il se souciait fort peu qu'on y formât des orateurs et des publicistes. Une législation trompeuse par la générosité apparente de ses termes, avait annoncé des cours de *droit naturel* et de *droit public* (1); mais de fait ces cours ne furent jamais professés.

Depuis que la restauration de la maison de Bourbon a introduit chez nous le régime constitutionnel, on s'est aperçu de ce vide; et par une ordonnance du 24 mars 1819, le feu Roi, « voulant » donner à l'enseignement du Droit les » *développemens* dont il est susceptible, » a divisé l'école de Droit de Paris en deux sections, et rétabli le cours des élémens

(1) Loi du 22 ventôse an XII.

de *droit naturel* et des *élémens du droit des gens et du droit public général.* L'ordonnance a institué en outre, 1° un cours de *droit public positif* (c'eût été parmi nous l'enseignement de la *charte*); 2° un cours d'*histoire* PHILOSOPHIQUE *du droit romain et du droit français;* 3° enfin, un cours d'*économie politique.*

Mais la mauvaise volonté de quelques hommes dont le génie propre est de contrarier toute espèce de perfectionnement, a trouvé le moyen de paralyser les bonnes intentions du Roi-législateur. Après un essai qui ne fut qu'une vaine démonstration, les nouveaux cours furent presque aussitôt suspendus; depuis, ils n'ont pas plus été professés sous la *monarchie constitutionnelle* qu'ils ne l'avaient été sous le *consulat* et l'*empire;* et l'enseignement du Droit, bien loin de recevoir ces *développemens* dont l'ordonnance royale avait reconnu qu'il était susceptible, est resté plus que jamais un enseignement de droit étroit, *stricti juris*.

Quel aveuglement! A une époque où l'on ne parle que de *s'opposer aux mauvaises doctrines*, comment ne sent-on pas qu'il est dès lors indispensable d'enseigner *les véritables?* On entend des plaintes quotidiennes sur la tendance des esprits à s'égarer dans de *fausses routes;* pourquoi donc ne pas les redresser en leur enseignant le *droit chemin?* — En ne professant pas le *droit naturel*, est-ce le gouvernement ou la jeunesse que l'on prétend punir? S'imagine-t-on qu'il soit possible d'abolir ce droit dont les notions sont émanées de Dieu lui-même, et qu'une législation d'origine immortelle puisse jamais tomber en désuétude? — On ne professera pas le *droit public général!* S'ensuit-il que les hommes cesseront de méditer sur les diverses formes de gouvernement, sur l'essence de la souveraineté, et sur d'autres questions également épineuses? Personne, je crois, n'ose sérieusement le penser. — Le mot de *charte* ne sera pas prononcé : soit. La France en persistera-t-elle moins à vouloir ce qu'elle a voulu, à conserver ce qu'elle a obtenu, une *constitution libre et monarchique*, suivant les expressions mêmes dont s'est servi l'auteur de cette charte?

Tout ce qui résultera de ces inconcevables prétéritions, c'est que les jeunes gens dont l'esprit se porte avec une remarquable avidité vers l'étude de ces sortes de matières, au lieu de puiser un corps de doctrine solide dans un enseignement prudemment médité, recueilleront des notions éparses et décousues dans des journaux passionnés, dans des discours d'orateurs presque toujours animés de l'esprit de parti, ou dans des ouvrages équivoques, où ils ne sauront pas d'eux-mêmes démêler le vrai d'avec le faux, et distinguer une théorie abstraite, bonne seulement dans le pays imaginaire de Platon, d'avec ce qui est praticable en soi, selon d'autres temps, d'autres lieux, et avec des hommes parvenus à tel ou tel degré de civilisation.

Que la Russie ait interdit chez elle de semblables cours, quoi de surprenant! Encore dans la barbarie, qu'elle y reste puisqu'elle s'y plaît! Mais qu'en France on veuille rétrograder à ce point de prendre en haine au 19e siècle les sciences les plus propres à former des hommes d'État, des magistrats, de vrais citoyens; des sciences qui, depuis le règne de Louis XII, n'ont pas cessé parmi nous d'être en honneur et d'occuper les méditations des plus grands génies! non, cela ne se conçoit pas dans l'ordre de la raison, et ne peut s'expliquer que par les déplorables circonstances au milieu desquelles s'agitent l'intolérance, le fanatisme et l'esprit de parti.

Pothier n'en mérite que plus de gloire,

d'avoir, au milieu des jésuites de son temps, créé dans son université des moyens d'émulation auxquels la France a dû ce grand nombre de magistrats instruits et d'avocats habiles sortis de l'école d'Orléans.

A ces services publics rendus à l'enseignement, Pothier joignait les secours particuliers. Ami des jeunes gens, comme son prédécesseur, « combien de pauvres » élèves, dont il connaissait les bonnes » dispositions, n'a-t-il pas avancés dans » leurs études (1)? » Combien d'autres n'a-t-il pas admis chez lui à ses conférences domestiques? Il donnait ses manuscrits pour rien, sous la seule condition qu'on vendrait ses livres à meilleur marché : bien différent sous tous les rapports de ces professeurs avides qui

---

(1) *Éloge de Pothier*, par M. de Bièvre, pag. 123.

se font, pour ainsi dire, *libraires*; qui ne composent de *gros volumes* soi-disant *élémentaires*, que pour imposer à leurs élèves l'obligation de les acheter à grands frais; et qui, s'ils ouvrent des cours à domicile, le font moyennant une rétribution qui vient encore augmenter les bénéfices de la presse, cumulés avec ceux de la chaire!

§ III.

Pothier magistrat.

Pothier semble avoir réuni dans sa personne toutes les vertus du magistrat. Plein de cette religion qui ne sépare point les bonnes œuvres de la vraie foi; d'une probité scrupuleuse, profondément instruit dans toutes les parties de la science du Droit, d'un esprit doux et conciliant, en possession d'une fortune qui le mettait fort au-dessus du besoin et assurait ainsi son indépendance ; il a bien mérité cet éloge que fait de lui l'avocat du Roi attaché au présidial où il exerça si long-temps ses honorables fonctions : « Zèle pour le bien de la justice, assiduité, promptitude dans l'expédition, désintéressement, intégrité, fermeté, attachement à sa Compagnie ; quelle est la vertu de son état qu'il n'ait pas possédée éminemment ? »

Il y a cependant une fonction que Pothier ne savait pas remplir : il ne voulait jamais assister aux procès criminels dans lesquels la question pouvait être ordonnée : il ne pouvait en supporter le spectacle ; « impuissance, dit » l'un de ses biographes, qui procède » beaucoup plus de la *sensibilité des* » *organes physiques* que du *sentiment* » *moral.* »

J'en demande pardon à l'auteur de cette réflexion ; mais on s'aperçoit trop qu'il était officier du parquet (1), voué par état et conséquemment par habitude, au ministère chargé de requérir la torture. Pothier était faible de corps, mais fort de caractère : il savait pour lui-même souffrir la douleur avec un courage stoïque et une pieuse résignation; mais il ne pouvait supporter le spectacle d'un malheureux torturé à plaisir : et la preuve que le *sentiment moral* l'inspirait dans son aversion pour la torture se trouve dans l'opinion qu'il s'était faite de l'insuffisance et du danger de ce mode

---

(1) M. le T***, *avocat du Roi* au présidial d'Orléans. — M. Boscheron-Desportes, actuellement substitut du procureur-général près la Cour royale d'Orléans, en a jugé plus sainement dans son *Éloge de Pothier,* pag. 39. Il parle aussi de la *répugnance* de Pothier à voir torturer les accusés; mais il en fait honneur à la bonté du cœur de Pothier, et non à la délicatesse purement physique de ses organes.

d'instruction, et dans les vœux qu'il formait pour son abolition.

On peut s'en convaincre par la note qu'il a mise sur la loi première, § 23, au Digeste *De quæstionibus*. Dans cette loi, le jurisconsulte Ulpien dit qu'il ne faut pas toujours ajouter foi aux déclarations obtenues à l'aide de la torture ; que c'est chose fragile et hasardeuse, et sujette à tromper (1). Et Pothier a grand

---

(1) *Voyez* le texte même de la loi 1, § XXIII, ff. *De quæstionibus*. On y peut joindre ce beau vers de Raynouard,

La torture interroge, et la douleur répond;

et ce passage si énergique de l'orateur romain, *Orat. pro Sullâ*, cap. 28 : *Tormenta gubernat dolor, moderatur natura cujusque tùm animi, tùm corporis ; regit quæsitor, flectit libido, corrumpit spes, infirmat metus ; ut in tot rerum angustiis nihil veritati loci relinquatur.* — Le même orateur, auquel on ne peut contester *le sentiment moral* si bien exprimé dans le passoin d'appuyer cette réflexion du jurisconsulte romain par l'exemple qu'il emprunte aux *Annales* de Tacite, d'un certain Antonius-Natalis qui, appliqué à la question, eut une telle frayeur des tourmens dont il se voyait menacé, que, dans l'espoir de s'en délivrer, il chercha *calomnieusement* à rejeter le crime sur

---

sage qui précède, dit encore ailleurs : *Dolorem fugientes multi in tormentis mentiti persæpè sunt, morique maluerunt falsum fatendo, quàm inficiendo dolere.* — Il n'est pas inutile de rappeler ces *sentimens moraux*, à ces perpétuels louangeurs du temps passé, qui regrettent sans exception aucune tout ce qui a été aboli, et qui, dans leur élan rétroactif, voudraient voir rétablir même la torture ! sans réfléchir à la vérité de cette réflexion du philosophe chinois, qui pour eux aura du moins le mérite de son antiquité : « Le moderne qui veut rétablir d'an-» ciens usages se prépare de grands malheurs. » — Confucius, chap. 28. *De l'invariable milieu.*

Annæus-Seneca, quoique celui-ci en fût *entièrement innocent*. — L'opinion intime de Pothier n'est donc pas douteuse : indépendamment de ce que la torture a de cruel et d'inhumain, il la regardait comme un moyen qui, de sa nature, est peu propre à faire découvrir la vérité.

Au bout de quelques années, Pothier se vit entouré, sur le tribunal, des élèves que lui-même avait formés par ses leçons et qu'il continuait d'instruire par ses avis et par ses exemples. M. Letrosne lui rend ce témoignage, qu'aucun de ses jeunes collègues n'a jamais eu à se plaindre qu'il ait pris sur lui ce ton de supériorité que son âge et son mérite auraient semblé lui permettre. Il écoutait les avis des autres ; il agréait qu'on lui fît des objections, et portait la conviction par des réponses si décisives, qu'elles restaient ordinairement sans réplique.

Il traitait plus familièrement les avocats, et je laisserai à son panégyriste le soin de raconter comment il en usait avec eux. « A peine un avocat avait-il exposé une affaire, que Pothier l'avait saisie; il prévoyait déjà les moyens et les réponses, et il avait déjà jugé en lui-même, qu'*à peine le barreau savait de quoi il s'agissait*. Il n'avait plus ensuite qu'à écouter la manière dont la cause était attaquée et défendue. Si l'affaire était peu importante, il laissait à son esprit la liberté de s'occuper ailleurs : s'il prêtait attention, *il avait peine à s'empêcher d'approuver ou d'improuver par des démonstrations extérieures;* souvent même il le faisait à mi-voix, de manière qu'*on savait assez souvent son avis avant qu'on allât aux opinions*. — Mais il se donnait là-dessus *bien plus de liberté lorsqu'il présidait* comme doyen des conseillers... Dès qu'il avait saisi une cause, *il ne donnait le temps ni aux avocats de l'expliquer, ni aux autres juges de l'entendre*... Si un avocat s'écartait du point qu'il regardait comme décisif, il se hâtait de l'y ramener : mais s'il avançait un moyen hasardé ou soutenait un principe faux, il manifestait une *impatience dont il n'était pas le maître*, et l'interrompait pour le rappeler aux vrais principes et aux moyens de la cause. Souvent lorsque l'avocat du défendeur avait pris ses conclusions, Pothier exposait les moyens du demandeur en deux mots, et disait à l'avocat : *Maître un tel, voilà ce qu'on vous oppose, c'est à ce moyen seulement qu'il faut répondre.* »

L'auteur à qui j'emprunte ces détails convient que l'audience dégénérait ainsi quelquefois en altercations et en une espèce de conférence. Quoique ami de Pothier, il ne peut s'empêcher d'improuver cette façon d'agir : toutefois il tâche de l'excuser.

« Personne assurément, dit-il, ne soupçonnait M. Pothier de vouloir *former seul le jugement et concentrer en lui toute l'autorité du tribunal.* Le fond de son âme était trop connu pour que la malignité même pût se saisir de ces dehors qui semblaient lui prêter, pour lui supposer des retours sur lui-même. Mais *il voulait expédier;* et il croyait ne pouvoir le faire trop vite dans les affaires de peu d'importance..... Ses amis lui faisaient des représentations qu'il approuvait, mais il n'en était pas le maître. *De la part de tout autre*, cette manière de présider eût paru intolérable : mais cet homme était si respectable et si respecté, si éloigné du dessein de choquer personne, que tout lui était permis. »

Je ne puis laisser passer cette apologie sans réponse.

Je conçois très bien qu'un esprit aussi lucide que celui de Pothier saisissait les affaires *du premier mot;* mais ce n'était pas une raison pour que ses collègues, qui n'étaient pas de sa force, les comprissent avec la même rapidité.

Sans doute encore l'opinion de sa vertu était si bien établie, que personne ne pouvait le soupçonner de vouloir *former seul le jugement, et concentrer en lui toute l'autorité du tribunal*; mais, sans le vouloir, tel pouvait être cependant le résultat de ses trop hâtives interruptions. J'en trouve la démonstration dans une lettre fort curieuse écrite au fils d'un président qui avait succédé à la charge de son père, et dans laquelle on examine *Si les juges qui président aux audiences peuvent légitimement interrompre les avocats lorsqu'ils plaident.* L'auteur anonyme de cette lettre (1) s'exprime en ces termes : « Un président doit craindre que le sentiment des autres juges ne se rapporte pas au sien ; il faut

---

(1) J'ai inséré cette lettre en entier, dans la nouvelle édition que j'ai donnée des *Lettres sur la profession d'avocat*; Paris, Warée, 1818, 2 vol. in-8°.

qu'il se persuade qu'autant il voit de têtes, autant il peut y avoir d'opinions différentes (1). En effet, l'usage ne nous apprend-il pas que le même motif, que les mêmes preuves ne déterminent pas tous les juges ? On ne peut, disait un ancien qui avait une grande expérience des affaires, on ne peut assez s'étonner, soit de la diversité des opinions, soit des fondemens que les juges prennent : car encore qu'ils aient quelquefois le même sentiment, ils ne l'établissent pas sur la même raison (2). Il faut donc souffrir

(1) Tot capita, tot sensus.

(2) Adjiciam quod me docuit usus, magister egregius. Frequenter egi, frequenter judicavi, frequenter in judicio fui; aliud alios movet, ac plerumquè parvæ res maximas trahunt. Varia sunt hominum ingenia, variæ voluntates : indè, qui eamdem causam simul audierunt, sæpè diversum, interdùm idem, sed ex diversis motibus sentiunt. PLINE LE JEUNE, *lib.* 1, *Epistol.* 20.

patiemment que l'avocat expose, non-seulement tous ses moyens, mais encore qu'il rapporte toutes les raisons sur lesquelles il les fonde, afin que chaque juge saisisse ce qui lui paraîtra le plus plausible, *puisqu'une chose qui ne ſrappe pas l'un, peut ſrapper l'autre.* »

Pothier *voulait expédier!* C'est aussi la raison banale que donnent tous les présidens-interrupteurs. Mais suffit-il donc d'*aller vite?* l'essentiel n'est-il pas d'*aller bien?* Et le magistrat peut-il oublier ce vieil adage de Loysel, *Bien juge qui tard juge, et de ſol juge brieſve sentence; et qui veut bien juger écoute partie* (1).

Aussi Patru, dans l'éloge qu'il nous a laissé de M. le P. de Bellièvre (2), nous

(1) In judicando criminosa est celeritas. SENEC. *in Proverb.*

(2) Bretonnier raconte « que M. de Nesmond

invite « à le considérer sur ce tribunal sacré d'où il dispense la lumière et les influences des lois. Admirons, dit-il, dans cette place sa patience et sa douceur. Il ne sait ni interrompre ni rebuter avec aigreur : il écoute sans inquiétude, sans chagrin et avec une attention qui soulage, qui anime ceux qui parlent. Ha!

---

le père, qui était second président et *très impatient*, dit plusieurs fois à M. le P. président : *Interrompez donc cet avocat!* — Sur quoi M. de Bellièvre répondit enfin à M. de Nesmond : *Dites-moi où il faut l'interrompre* A PROPOS. » — La magistrature moderne nous offre une réponse encore plus remarquable. Dans une affaire politique portée dans l'une des Cours du Royaume, et où les opinions qui se manifestaient semblaient peu favorables au prévenu, l'un des présidens de chambre pressait aussi le P. président *** d'interrompre l'avocat par un *c'est entendu ;* mais le P. président lui répondit à demi-voix et avec gravité : *Puisque vous voulez le condamner, il faut bien l'entendre.*

qu'il était loin de cette impatience brutale qui égorge les affaires et les parties, et qui traîne presque toujours à sa suite ou l'erreur ou l'injustice ! »

Henrys, qui était souvent consulté comme un oracle par le chancelier Séguier, dit dans une de ses harangues, *tom.* II, *p.* 35, que celui qui juge trop vite semble courir au repentir : *Ad penitendum properat qui citò judicat.* « Concluons donc, dit-il, que les juges doivent craindre d'être trop prompts à juger, et croire que le plus grand mal qui se rencontre dans les jugemens vient de leur impatience ; que *c'est elle qui fait plus souffrir aux parties*, et qui cause presque seule leurs naufrages. En un mot, que donner aux avocats toute l'attention et tout le temps qu'ils désirent pour parler, *ce n'est pas tant une bienseance qu'une obligation ;* que c'est un devoir de la religion des juges, et que, comme ils ne sauraient bien rendre justice s'ils n'ont cette patience, elle en est aussi la principale partie (1). »

Je conçois le déplaisir qu'éprouve un juge instruit lorsqu'il entend un avocat plaider des principes erronés : un esprit juste en est choqué, comme l'oreille d'un excellent musicien le serait par un faux ton — Mais est-il pour cela permis au magistrat de se récrier sur ce qu'il regarde comme une erreur? — Ne lui est-il pas au contraire interdit de laisser apercevoir aucune émotion sur son visage (2)? La loi lui défend de s'ouvrir de son opinion avant le jugement : n'est-ce donc pas violer cette règle que de révéler sa désapprobation par une

---

(1) Præsertim quùm primùm religioni suæ judex *patientiam* debeat, *quæ pars magna justitiæ est*. Plin. Jun., *lib.* 6, *Epist.* 2.

(2) Non est enim constantis et recti judicis cujus animi motum vultus detegit. Loi 19, ff. *De officio præsidis*.

grimace, par un mouvement ou par un geste? Les marques d'adhésion ou d'improbation sont interdites au public : ne le sont-elles pas à plus forte raison aux juges?

Un avocat est long, diffus, ennuyeux. — D'accord : mais, comme je l'ai dit ailleurs (1), si l'avocat n'est pas un habile orateur, s'il déduit péniblement ses preuves, s'il fatigue, s'il ennuie, c'est un malheur. Une audience n'est pas un spectacle où l'on ne doive prendre plaisir qu'au débit des bons acteurs : les avocats qui s'énoncent désagréablement n'en demandent pas moins justice pour leurs cliens. On croit n'humilier que le défenseur, et dans la réalité, c'est la partie elle-même que l'on ruine et que l'on désespère. Le devoir du juge, s'il veut mettre sa conscience

---

(1) De la jurisprudence des arrêts, sect. XI.

en repos, est donc d'écouter avec une égale patience le demandeur et le défendeur, l'appelant et l'intimé.

Je me suis étendu sur ce sujet, parce que la médiocrité pourrait s'autoriser de l'exemple du vénérable Pothier pour se livrer avec plus d'assurance à ces interruptions inconsidérées.

Il faut imiter des grands hommes leurs qualités et non pas leurs défauts. Les amis mêmes de Pothier ne lui dissimulaient pas qu'il avait tort de ne pas être plus patient, et il avait la bonne foi d'en convenir avec eux.

M. Letrosne avoue que, *de la part de tout autre*, cette manière de présider eût paru intolérable. En effet, on peut se représenter ce vieillard, objet du culte de tout ce qui l'entourait, le précepteur, l'ami, le père de tout un barreau qu'il avait créé, dire avec familiarité à l'avocat qui avait été son élève et qui s'écartait de sa doctrine : *Ah! ce n'est pas cela que je vous ai enseigné!* Cet avertissement se donnait en quelque sorte en famille, dans une juridiction du second ordre, dans une ville où tous les justiciables connaissaient de longue main la probité, la vertu, la profonde instruction de Pothier : on l'*excusait* donc. Mais tant d'autres à sa place, qui ne sont pas des Pothier, seraient tout-à-fait inexcusables ! il m'a paru essentiel de les en avertir.

S'ils veulent remplir dignement leur auguste ministère, et mériter l'amour du barreau, l'estime du public et les éloges de la postérité, qu'ils imitent, sur le siége où ils ont l'honneur de présider, la patience avec laquelle le vertueux Lamoignon écoutait les plaideurs. « Laissons-leur, disait-il, *la liberté de dire les choses nécessaires et la consolation d'en dire de superflues*. N'ajoutons pas au malheur qu'ils ont d'avoir des procès, celui d'être mal reçus de leurs juges; nous sommes établis pour examiner leur droit, et non pas pour éprouver leur patience; et il leur laissait éprouver la sienne (1). »

Je n'ai pas dissimulé ce défaut reproché à Pothier; mais par combien de vertus ne l'a-t-il point racheté?

Une seule fois il faillit dans le cours de sa magistrature : et la manière même dont il sut réparer son tort est devenue pour lui un titre d'éloge!

Chargé de l'examen et du rapport d'une affaire, il avait négligé de rendre compte d'une pièce décisive en faveur de la partie qui perdit son procès (2) :

---

(1) *Vie* du président de Lamoignon, p. 36, en tête de l'édition de ses *Arrêtés*.

(2) Le fait est ainsi raconté dans l'élégante notice sur Pothier, qui se trouve dans la *Galerie française* (1824, in-4°). — M. de Bièvre, pag. 70 et 71, et l'auteur de l'article inséré

tout autre que Pothier aurait rejeté cette perte sur la négligence des défenseurs, ou sur l'impéritie des juges. Mais Pothier ne *capitulait* point avec sa conscience; il se hâta d'indemniser le plaideur, victime de son inadvertance. Glorieuse réparation d'une faute involontaire! Triomphe admirable d'une âme droite et pure, sur l'amour-propre du juge et l'intérêt de l'homme! Exemple trop peu suivi! et qui fait dire à M. de Bièvre : « A quoi donc doivent se condamner des juges qui, par défaut de

---

dans la *Biographie universelle*, présentent le trait différemment. Ils supposent que Pothier, consulté comme avocat, avait conseillé le procès qui fut perdu par la production d'une pièce qu'il avait négligé d'examiner. Tous, au reste, s'accordent sur ce point, que Pothier *indemnisa*, de ses deniers, la partie à laquelle il s'imputait d'avoir occasioné un dommage par son inattention.

lumières ou d'intégrité, font pencher la balance sciemment du côté de la mauvaise cause (1)? »

Une autre anecdote va nous révéler à quel point la réputation de Pothier, comme juge intègre, était bien établie.

Il y avait, dans le Châtelet d'Orléans, une chambre de justice particulière appelée *Chambre du Domaine*. Là se recevaient les foi et hommages, se réglaient les devoirs et les droits dont les vassaux du duché d'Orléans étaient tenus envers leur prince. Les officiers de cette chambre n'y siégeaient que *par commissions des ducs d'Orléans*. Il était naturel de les prendre parmi les jurisconsultes les plus versés dans la connaissance des lois féodales; et, à n'en juger que par l'esprit de fiscalité qui dirigeait trop souvent les agens des ci-devant

(1) *Éloge de Pothier*, pag. 71.

seigneurs, on pourrait supposer que ces commissaires étaient choisis, de préférence, parmi les candidats que l'on croyait les mieux disposés à favoriser les intérêts du suzerain, et à lui accorder quelque préférence sur ceux de ses vassaux. Mais l'histoire atteste que les princes de la Maison d'Orléans n'en ont jamais usé ainsi; et nous empruntons à un ancien magistrat (1) qui exerçait ses fonctions dans le ressort du duché, ce témoignage « que les ducs d'Orléans, aussi grands par leurs sentimens que par leur auguste naissance, n'avaient d'autres vues que celles de soutenir leurs droits légitimes sans vexer leurs vassaux, et qu'ils se plaisaient plutôt à répandre sur eux leurs grâces et leurs bienfaits. »

---

(1) M. de Bièvre, procureur du Roi au bailliage de Romorentin, dans son *Éloge de Pothier*, pag. 79.

Un magistrat aussi éminemment distingué que Pothier ne pouvait échapper à la justesse de leur choix. Dans son Commentaire de la *Coutume d'Orléans*, il avait donné, au *titre des fiefs*, une savante introduction qui, sur ses connaissances en matière féodale, fournissait une preuve dont on l'aurait volontiers dispensé. On n'aurait pu faire qu'une seule objection : Pothier n'était pas d'humeur fiscale ; il en avait donné plusieurs marques dans sa manière de juger au Présidial, et aussi par les maximes répandues dans ses ouvrages (1). Mais cette considération, loin d'arrêter le Prince, était pour lui un motif d'estimer davantage le candidat : Pothier fut donc nommé ; et il jugea dans la *Chambre des Domaines*, comme il jugeait *au Présidial*. Les agens préposés à la perception

(1) *Voyez* dans ses Pandectes, au titre *De jure fisci.*

des droits domaniaux marquèrent plusieurs fois leur mécontentement de ses décisions ; car il restreignait l'étendue ordinaire de leurs prétentions aux bornes exactes de l'équité ; et, dans les cas douteux, il se prononçait toujours contre le fisc (1). Cela ne faisait pas le compte des receveurs et des fermiers ; aussi disaient-ils, en terme de finance, que Pothier était *intraitable* (2). Mais leurs plaintes ne trouvèrent point d'accès auprès du Prince : il avait cherché l'homme de bien, le jurisconsulte profond, le ma-

---

(1) Pothier était dans les vrais principes. *In dubiis quæstionibus contra fiscum facilè respondendum est. L.* 10, ff. *De jure fisci.* — Tout le monde connaît cette belle pensée de Pline-le-Jeune, dans son panégyrique de Trajan : *Magna principis gloria est, si sæpè vincatur fiscus, cujus mala causa nunquàm est, nisi sub bono principe.*

(2) De Bièvre, pag. 80.

gistrat intègre, et l'avait trouvé dans Pothier ; satisfait d'avoir fait un tel choix, il se garda bien de vouloir influencer jamais l'homme qu'il avait constitué son juge, et l'estima en proportion de l'idée qu'il avait de son indépendance.

Pour toutes les affaires dont Pothier ne devait pas être le juge, la confiance du public et son caractère obligeant lui avaient érigé dans son cabinet un tribunal particulier. Là venaient le consulter des cliens de toutes les classes, sur toutes sortes de questions, dont on était assuré de ne pouvoir obtenir mieux que par sa bouche une parfaite solution. Il ne faisait jamais aux personnes présentes de réponse par écrit, ne voulant pas, disait-il, priver de leurs légitimes honoraires ceux qui, par état, doivent donner et écrire des consultations; mais il répondait exactement, et de sa main, à une multitude de personnes qui lui écrivaient pour le consulter. Toutes ces réponses étaient d'un style simple, clair et laconique. Ses décisions, dont il est à regretter qu'on n'ait pu former un recueil, étaient considérées comme ces axiomes qui portent avec eux leur conviction, et qui, pour se faire admettre, n'ont besoin ni de preuves ni de longs raisonnemens. Telles étaient en général les réponses des jurisconsultes romains, *Responsa Prudentûm*; elles ne consistaient souvent qu'en un seul mot; *interrogatus.... Scævola respondit, secundùm ea quæ proponerentur*, POSSE.

On était si assuré de l'intégrité et de la profonde science de Pothier, que les personnes les plus entêtées de leurs prétentions n'hésitaient point à les abandonner, lorsqu'il leur en donnait le conseil, et que les plaideurs qui se flattaient le plus de la bonté de leur cause, se condamnaient eux-mêmes, lorsque par ses jugemens ils étaient condamnés. Mais aussi avec quelle assurance on soutenait ses droits, lorsqu'il y avait mis le sceau favorable de son approbation! à moins qu'on n'eût la prudence de suivre le dernier avis *qu'il donnait toujours dans les meilleures causes, celui de les accommoder*.

Pothier fut moins heureux dans les fonctions d'*échevin*[1], que dans celles de *juge* ou de *conseil*. Tous ses biographes s'accordent sur ce point, qu'il n'entendait rien aux détails de l'administration. Nous verrons qu'il se mêlait à peine de la gestion de ses propres affaires : comment eût-il été propre à conduire celles d'une commune riche et populeuse? Aussi ne fit-il presque aucune fonction de cette place. Mais elle lui avait été déférée par *le libre choix de ses concitoyens* (car alors *les Cités nommaient elles-mêmes leurs officiers municipaux*); et le suffrage public fut du moins un hommage à sa vertu.

§ IV.

Pothier jurisconsulte.

Lorsque Pothier est arrivé, l'érudition avait épuisé tous ses trésors et l'on peut dire ses superfluités sur le Droit romain.

Depuis l'époque où les Pandectes furent découvertes (1137), jusqu'au temps d'Accurse, c'est-à-dire durant l'espace d'un siècle environ, les docteurs s'étaient exercés à déchiffrer le texte du Corps de Droit, et chacun, selon son génie, y avait joint des *notes*, des *scholies* et des *commentaires*.

Accurse eut la bonne pensée d'analyser tous ces commentaires épars des jurisconsultes du XIIe siècle, d'y joindre ses propres remarques, et de former de cette réunion une *glose perpétuelle* qu'il publia avec le Corps de Droit en 1229.

La Glose d'Accurse a joui d'un immense crédit parmi les jurisconsultes, au point que, pendant long-temps, on aimait mieux avoir pour soi la glose que le texte (1). Elle est ensuite tombée dans un discrédit non moins injuste peut-être que les éloges outrés dont elle fut long-temps l'objet.

Après Accurse, vint une autre série de jurisconsultes, qui, tantôt d'accord avec la Glose, tantôt en opposition avec elle, travaillèrent de nouveau à interpréter et commenter les diverses parties du Corps de Droit.

On distingua parmi eux les *institutaires*, qui s'appliquèrent à expliquer les Insti-

---

(1) *Volo enim pro me potiùs glossatorem, quam textum.* Raphaël Fulgose, qui rapporte cette étrange proposition, l'accompagne de réflexions piquantes dans ses notes sur la loi 6, au Cod. *de oblig. et act.* Le passage se trouve rapporté par Heineccius, dans son *Hist. jur. civ.*, lib. 1, cap. 6, § 418 (*).

tutes de Justinien. — Les auteurs des *Paratitles*, qui se bornèrent à abréger les divers titres du Digeste et du Code, et à présenter la substance des matières qui y étaient traitées. - - La plupart s'attachèrent à commenter avec plus ou moins d'étendue le Digeste, le Code, les Novelles, et le plus souvent ne firent que répéter ce que d'autres avaient déjà dit, ou le redirent d'une autre manière. — Quelques-uns, parmi lesquels on doit distinguer Haloander, Torrentinus, Charondas, Duaren, sentirent le besoin d'épurer *le texte* même des lois romaines, d'en comparer les diverses leçons, et d'en donner des éditions plus correctes en conférant les différens manuscrits. Tous furent surpassés dans ce genre de travail par Denis Godefroy, dont la version, accompagnée d'excellentes notes, est, pour ainsi dire, devenue l'*édition officielle* du Droit romain. — Enfin, une dernière classe de légistes, entièrement adonnée à la subtilité, se voua à la recherche des antinomies ou oppositions qui se rencontrent fréquemment dans le Corps de Droit, essaya de les concilier, et ne réussit le plus souvent qu'à accroître les difficultés : on les nomma *controversistes*.

Le caractère général qui domine dans tous ces écrits est la diffusion, la subtilité, la barbarie du langage ; et, si l'on en excepte un très petit nombre d'auteurs, tout le reste n'offre le plus souvent que l'absence d'une saine critique, et l'ignorance des monumens de l'antiquité.

Enfin Cujas parut! Cujas le plus célèbre interprète du Droit romain, « qui n'eut, selon mon jugement, dit Pasquier, n'a et n'aura par aventure jamais son pareil (1) ; » Cujas dont la gloire accuse aux yeux de la postérité, l'ignorance et

(1) Recherches de la France, liv. 9, chap. 39.

l'envie qui, dans son propre pays, donnèrent à la médiocrité rampante d'un Forcadel, une chaire si évidemment due au génie de son concurrent!

La jurisprudence dut à Cujas au milieu du XVIe siècle, le même service qu'elle avait reçu d'Accurse au commencement du XIIIe, celui de rendre à peu près inutile la lecture des commentateurs qui l'avaient précédé. Il faisait cas de la compilation d'Accurse; il l'a fréquemment mise à contribution; souvent aussi il la réfute, et toujours victorieusement. Il en a usé de même avec tous ses devanciers, empruntant à chacun d'eux ce qu'il avait dit de bon et de judicieux, rejetant le surplus. Mais ensuite ce qui distingue éminemment ses commentaires, c'est qu'on y retrouve tout le génie de leur auteur, secondé par de vastes études, et par une bonne critique; car, à cette époque, elle avait déjà fait d'immenses progrès.

Cujas introduisit une nouvelle manière de traiter et d'expliquer le Droit romain, avec plus d'élégance, un meilleur style, et un fonds de littérature jusqu'alors inconnu : la jurisprudence devint *elegantior*; et Nettelblat (page 268) nous apprend que cette jurisprudence mieux cultivée, plus polie, fut nommée *Jurisprudentia Cujaciana*.

En étudiant le Droit romain, Cujas fut frappé d'une de ces grandes idées ordinairement fécondes en beaux résultats. Il savait que les *Pandectes* n'avaient été formées que de lambeaux arrachés aux divers jurisconsultes de l'ancienne Rome : ce qui expliquait assez le défaut de liaison qui se faisait remarquer entre les passages ainsi extraits d'un grand nombre d'auteurs ; l'opposition entre leurs sentimens sur les questions qui avaient divisé leurs sectes ; et enfin l'obscurité de certains passages que Tribonien et ses collègues avaient pris, sans faire assez d'attention à ce qui, dans l'auteur original, précédait ou expliquait la décision; ou qu'ils avaient interpolés à dessein, afin de plier au despotisme impérial de Constantinople, les généreuses pensées des jurisconsultes romains.

Cujas imagina de travailler en sens inverse de Tribonien. Le Digeste avait été composé avec des extraits de Paul, de Gaïus, d'Ulpien, de Scœvola; il entreprit de recomposer les ouvrages de ces jurisconsultes, à l'aide des citations qui précèdent chacune des lois dans le Digeste, et de faire lire de nouveau les *Sentences* de Paul, le *Commentaire* d'Ulpien sur l'édit du Préteur, les *Questions* de Papinien, les *Réponses* de Scœvola.

De ces rapprochemens, dont aucun jurisconsulte avant lui ne s'était avisé, sont souvent nées des explications naturelles sur des textes que tout l'effort des précédens commentateurs avait laissés dans la plus profonde obscurité.

Cujas a commenté toutes les parties du Corps de Droit; et comme il a eu cet avantage « d'écrire la langue du Droit mieux qu'aucun moderne, et peut-être aussi bien qu'aucun ancien (1), » l'agrément et la pureté de son style, la rectitude autant que la profondeur de sa doctrine, l'ont élevé au-dessus de tous ceux qui l'ont précédé, et n'ont laissé aucun espoir de le surpasser à ceux qui viendraient après lui.

En effet, que seraient aujourd'hui de nouveaux commentaires, de nouvelles gloses sur le Droit romain, s'ils n'étaient une redite des écrits de Cujas, à l'exception peut-être de quelque subtilité nouvelle ou de quelque remarque suggérée par une inscription ou un manuscrit récemment découvert, que Cujas n'aurait pas eu le moyen d'interroger?

---

(1) D'Aguesseau.

Mais si Cujas a fermé, après l'avoir parcourue dans toute son immensité, la carrière des commentateurs du Droit romain, il a laissé un autre genre de gloire à acquérir pour ceux qui viendraient après lui.

Le bon goût, la littérature et la saine philosophie du XVIIIe siècle avaient insensiblement détaché les esprits de ce vain étalage de science et d'érudition qui avait fait les délices des siècles précédens. A mesure que le cercle des connaissances humaines s'étendait, on éprouvait de plus en plus le besoin de les classer, de les coordonner, de les faire venir au secours l'une de l'autre; de composer des ouvrages moins étendus, plus substantiels, et surtout d'y appliquer la méthode géométrique qui va du connu à l'inconnu; d'y introduire ces divisions qui soulagent l'attention et préparent l'intelligence, en facilitant le partage et le classement des idées, et qui constituent à proprement parler, la *méthode;* enfin, on sentait la nécessité de substituer au décousu des scholies et des commentaires du moyen âge, des compositions plus régulières, où les idées, naturellement déduites les unes des autres, offriraient un enchaînement continu de propositions fortement liées entre elles et avec le sujet.

Aucune de ces impressions n'était étrangère au génie de Pothier. En étudiant le Droit romain, il avait été séduit par l'équité des décisions qu'il renferme; il y avait reconnu tous les traits de la *raison écrite;* mais en même temps il avait été affligé du défaut d'ordre et de classement qui se fait sentir dans la distribution des titres et des lois. Il éprouva le besoin de remanier tout le Corps de Droit, et, pour ainsi dire, de le refaire à son usage. Il se trouvait dans la position d'un homme à qui l'on aurait donné pour logement un magasin de meubles:

il se verrait entouré d'un plus grand nombre d'ustensiles qu'il n'en faut pour se caser commodément; mais tout étant pêle-mêle, il lui faudrait d'abord ranger et mettre chaque chose à sa place, avant de pouvoir s'en servir, et de reconnaître sa chaise, sa table et son lit.

La confusion qui règne dans la disposition du Corps du Droit romain avait été sentie par tous les commentateurs ; mais aucun n'avait su y remédier. Jacques Godefroy avait en vain essayé d'établir une sorte de liaison entre les divers titres, dans la partie de son *Manuale juris*, intitulée *Series Digestorum*, etc. : les efforts mêmes de ce grand jurisconsulte n'avaient fait que mettre plus en évidence les défectuosités qu'il avait voulu pallier.

L'Allemand Vigélius fit un autre essai. Il tenta de distribuer les lois romaines dans un meilleur ordre; mais son travail n'eut aucun succès.

Le chancelier de L'Hôpital, contemporain et ami de Cujas qu'il protégea contre ses ennemis, et à qui les soins du ministère, dans les temps les plus orageux de la monarchie, n'avaient ôté ni le goût des lettres ni celui de la science, voulut remédier au désordre du Code romain. « Il parle dans son testament d'un travail important sur les lois romaines qu'il avait *classées par ordre* et annotées. Il lègue ce travail à l'un de ses petits-fils, en lui recommandant de l'achever (1). » Mais le petit descendant de ce grand homme n'a pas accompli le mandat, et le travail même de L'Hôpital, est perdu.

Domat, dans son *Legum Delectus*, a offert un choix de textes; mais il n'a rien changé ni à l'ordre des titres ni à l'ar-

(1) Œuvres complètes de Michel L'Hôpital, publiées par Dufey, en 1824, *Essai préliminaire*, tom. I, pag. 289.

rangement des lois ; elles se suivent dans son livre comme dans le *Corpus juris ;* il a seulement élagué ce qu'il regardait comme inutile ; et encore a-t-il conservé beaucoup de textes absolument étrangers à nos usages. Si Domat n'eût laissé que ce *Legum Delectus*, sa réputation comme jurisconsulte serait à peu près nulle.

Pandectes de Pothier.

A Pothier seul était réservée la gloire d'exécuter enfin ce que ses devanciers avaient à peine ébauché. Il avait commencé par rédiger, pour son usage, des paratitles ou abrégés des divers titres du Digeste. Il s'était ensuite fait un plan pour rétablir les textes dans leur ordre naturel, et il l'avait exécuté sur plusieurs titres des plus importans. Il ne substituait pas sa rédaction aux textes, comme l'avait fait imprudemment Vigélius; il les conservait au contraire dans toute leur pureté, et se bornait à les lier entre eux par des phrases intercalaires qu'il avait soin de distinguer pour qu'on ne les confondît pas avec les textes mêmes.

Il montra ces premiers essais à Prévôt de la Janès, avec la timidité d'un jeune homme qui n'ose croire encore à la possibilité de ses succès. Mais Prévôt de la Janès avait le coup d'œil trop sûr pour ne pas juger différemment. Il trouva le moyen de forcer la modestie de son jeune compatriote.

Il révéla à M. le chancelier le mérite et les talens de Pothier, son application infatigable, son plan et la manière dont il l'avait déjà exécuté en partie.

Ce chancelier était le célèbre d'Aguesseau ! Capable par lui-même d'exécuter les plus grands travaux en jurisprudence, il saisissait, en véritable chancelier de France, toutes les occasions d'encourager les entreprises utiles, et ne dédaignait pas d'aller au-devant des hommes de mérite qui pouvaient contribuer au perfectionnement de la législation. Au lieu d'imiter dans leur amour-propre ces ministres qui croient n'avoir pas besoin de conseil; ou l'égoïsme de ceux qui, satisfaits du pouvoir, ne songent qu'à le faire sentir, au lieu de le faire tourner à l'utilité publique; d'Aguesseau ne négligeait ni de consulter les Cours de justice quand il était question de faire de nouvelles ordonnances, ni d'entrer en conférence avec les jurisconsultes lorsqu'il s'agissait de seconder leurs plans et leurs travaux particuliers.

Alors il ne se contentait pas de leur écrire vaguement *qu'il verrait avec plaisir que l'on s'occupât de telle ou telle matière*; mais il entrait à fond dans les idées de l'auteur, prenait le temps de s'en pénétrer, et la peine de communiquer ses propres vues et de les développer longuement, lorsqu'il croyait qu'elles pouvaient contribuer à la perfection et à l'utilité de l'ouvrage :

Et Cato censurâ, responsis Papinianus,
Consiliis Nestor, legibus ipse Solon.

Sur la demande qu'en fit d'Aguesseau, Pothier lui envoya plusieurs échantillons de son travail. Ce magistrat en fut extrêmement satisfait, et ouvrit à ce sujet avec Pothier une correspondance du plus haut intérêt. Le lecteur sera bien aise de rencontrer ici l'extrait de quelques-unes de ces lettres. Elles se sont trouvées parmi les papiers de Prévôt de la Janès, qui les rassemblait. Ces lettres prouvent à la fois la haute science du chancelier, l'estime qu'il faisait de Pothier, et l'idée qu'il s'était formée de son ouvrage, dont il avait l'exécution fort à cœur.

La première lettre ne s'est pas trouvée chez Prévôt de la Janès (1), qui l'avait

(1) Elle n'est pas non plus dans la nouvelle

sans doute égarée, ne prévoyant pas ce que deviendrait la suite de cette correspondance. Voici *la seconde* :

« Monsieur, j'ai reçu le travail que vous avez fait sur le titre *De solutionibus*, et je profiterai du premier moment de loisir que j'aurai pour l'examiner avec toute l'attention que mérite un travail *si difficile à bien exécuter*, et dont l'entreprise seule mérite des louanges. Je vous communiquerai avec plaisir les réflexions que j'y aurai jointes, afin que vous puissiez mettre le public en état de profiter un jour du fruit de vos veilles. » (16 *février* 1736.)

édition de d'Aguesseau, donnée en 1819, par M. Pardessus. Les autres y sont rapportées, tom. XVI, pag. 308 et suiv., telles que nous les donnons ici, l'éditeur les ayant prises à la même source que nous, c'est-à-dire dans les notes de M. Letrosne, qui seul a vu les originaux.

Troisième lettre. « ..... Je suis fort content, Monsieur, de ce que j'ai vu du travail que vous avez entrepris, et même bien avancé, sur la jurisprudence romaine, et j'y trouve un *ordre*, une *netteté* et une *précision* qui peuvent rendre cet ouvrage aussi utile que l'entreprise est louable. Il me semble cependant qu'on pourrait le porter à une plus grande perfection, et j'ai fait quelques remarques en le lisant, qui tendent à cette fin. Comme il serait bien long de s'expliquer par écrit sur une pareille matière, je ne serais pas fâché d'avoir quelques conversations avec vous pour vous expliquer plus aisément ma pensée. Vous allez être dans un temps de vacations; et si vous voulez en profiter pour venir passer deux ou trois jours à Paris, je serai fort aise de connaître un homme de votre mérite, et de vous faire part de mes réflexions. Mais si vous n'avez point d'autres raisons qui vous appellent en ce pays, il sera bon que vous m'avertissiez par avance du temps dans lequel vous pourrez y venir, afin que je vous fasse savoir si je serai libre, de mon côté, dans le temps qui vous conviendra. Le bon usage que vous savez faire de votre loisir m'engage à ménager vos momens avec une attention que vous devez regarder comme une preuve de l'estime avec laquelle je suis, Monsieur, etc. » (8 *septembre* 1736.)

Pothier se rendit à Paris sur cette lettre, et conféra avec M. le chancelier, qui lui remit, le 24 septembre, un écrit contenant ses vues pour la perfection de l'ouvrage. On voit, par l'exécution, que Pothier en a fait usage. M. le chancelier termine ce petit mémoire par la comparaison du travail de Vigélius avec le plan de Pothier, qui lui est si supérieur. Voici comme il s'en explique :

« L'ouvrage de Vigélius, qui a eu une idée fort approchante de celle de M. Pothier, pourra lui être d'un grand secours; et il y a quelque chose de meilleur et de plus utile dans le dessein de M. Pothier, parce qu'il n'emploie *que les termes des lois*, et présente *le texte dans sa pureté;* au lieu que Vigélius écrit presque toujours d'après lui-même, sans s'assujettir aux expressions des jurisconsultes, et se contente de citer les lois dont il emprunte les principes. »

Pothier envoyait de temps en temps à M. d'Aguesseau des morceaux de son ouvrage, et lui rendait compte des progrès de son travail. On le voit par des réponses qui y sont relatives.

...... « Je vois avec plaisir la persévérance avec laquelle vous continuez de travailler à un ouvrage aussi vaste et aussi pénible que celui dont vous avez déjà fait une si grande partie. Je me reproche depuis long-temps le silence que j'ai gardé sur les derniers essais que vous m'avez envoyés; mais, outre que le temps de vous écrire sur ce sujet, comme je l'aurais désiré, m'a manqué, je crois qu'il vaut mieux vous laisser avancer votre travail, dont j'ai été fort content, parce que les remarques qu'on pourrait y faire seront mieux placées quand vous serez à la révision de tout l'ouvrage. Il serait à souhaiter que vous pussiez avoir des adjoints capables de diminuer vos peines en les partageant.... Vous me ferez plaisir de me marquer de temps en temps en quel état sera votre ouvrage. » (1er *janvier* 1739.)

« Je n'ai pu trouver plus tôt le temps de répondre à la lettre que vous m'avez écrite pour m'informer du progrès du grand ouvrage que vous avez entrepris : j'y ai vu avec plaisir que vous le suiviez avec une application et un courage infatigables. Les analyses que vous voulez mettre à la tête de chacun des titres pourront être d'une grande utilité pour les jeunes gens : elles formeront comme des élémens de toute la jurisprudence civile. Vous en profitez le premier par les vues que ce travail vous donne pour perfectionner encore plus ce que vous avez déjà fait. Il serait effectivement à désirer que vous trouvassiez quelqu'un qui pût vous soulager à l'égard de vos notes..... Je ne saurais trop louer la constance et la diligence avec laquelle vous continuez à vous livrer à un travail si pénible et si immense, ni trop vous assurer de l'estime, etc. » (23 *août* 1740.)

..... « Vous prendrez la peine de me marquer à quoi montera la dépense nécessaire pour la copie que vous voulez faire faire de votre ouvrage. » (10 *juin* 1741.)

Pothier fit un voyage à Paris en 1742, ce qui paraît par la lettre suivante. — « J'ai remis votre premier mémoire entre les mains de M. d'Argenson, qui n'est pas moins disposé que moi à vous procurer toutes les facilités dont vous pouvez avoir besoin pour l'impression du grand ouvrage que vous avez presque achevé avec un travail infatigable. Il doit m'en rendre compte demain ; et si vous voulez venir chez moi à Paris, mercredi matin, je serai en état de vous faire une réponse plus précise. » (3 *mars* 1742.)

Pothier répandit son *prospectus* en 1744, et l'envoya au chancelier, qui lui répondit : « Je reçois avec plaisir le *prospectus* que vous m'avez envoyé du grand ouvrage que vous avez entrepris. Vous savez combien j'en ai approuvé le dessein et les différens essais que j'en ai vus. Le dernier que vous avez fait imprimer achève de me donner une idée avantageuse de votre travail ; et la forme de l'impression et du caractère me paraît fort convenable.... J'aurai soin de le faire annoncer dans le *Journal des Savans*, pour vous procurer promptement le plus grand nombre de souscriptions qu'il sera possible. Elles ne se feraient pas attendre long-temps, si l'empressement du public répondait toujours au mérite des ouvrages. » (6 *décembre* 1744.)

........« Je ne doute pas que vous n'employiez cette année, aussi utilement que les autres, à achever et à faire imprimer ce grand ouvrage qui vous occupe depuis long-temps, et qui me paraît être très bien reçu du public..... Si les deux titres *De verborum significatione*, et *De diversis regulis juris antiqui*, sont entièrement finis de votre part, je serais bien aise que vous prissiez la peine de me les envoyer, ou de me les apporter quand vous aurez occasion de venir à Paris, parce que j'ai quelques vues sur ces deux titres, dont je crois que vous pourriez profiter pour leur donner toute la perfection nécessaire, si vous ne l'avez pas déjà fait. » (10 *janvier* 1745.)

Le but de Pothier était, sans altérer en rien le texte des Pandectes, de les *digérer* de nouveau et de rétablir les diverses lois dans leur ordre naturel, en y joignant celles des lois du Code et des Novelles qui ont expliqué, confirmé ou abrogé le droit des Pandectes.

Tel fut le titre qu'il donna à son ouvrage :

PANDECTÆ JUSTINIANEÆ,
in novum ordinem digestæ,
cum legibus Codicis et Novellis
quæ jus Pandectarum confirmant, expliquant aut abrogant.

Pothier n'a pas voulu changer la distribution des *livres* et des *titres* du Digeste : non pas qu'il ait jugé que cette distribution fût parfaite ; mais il l'a conservée *etsi minùs idonea*, dit-il, parce que c'eût été renverser de fond en comble l'édifice de Justinien, et élever contre le nouvel ouvrage, dans l'esprit encore superstitieux de la plupart des docteurs, une prévention peut-être insurmontable, à en juger par la peine que quelques-uns ont eue à lui pardonner le demi-sacrilége d'avoir osé changer seulement l'ordre des lois répandues sous chaque titre !

Il borna donc son plan à remanier les divers titres séparément, à y introduire des divisions régulières, et à ranger les différentes lois sous chacune de ces divisions.

Pour cela, il ne s'est pas contenté de changer la place que les lois occupaient dans un seul titre, mais il a aussi tiré des autres titres les textes qui y avaient été placés mal à propos, et il les a rapportés sous celui auquel ils appartenaient véritablement.

En tête de chaque titre on trouve une espèce d'introduction ou de paratitle, qui indique sommairement la matière qui y est traitée, sa liaison et quelquefois aussi son défaut de connexité avec les titres précédens ou subséquens, et l'indication des divisions adoptées par l'auteur.

Ces divisions sont simples et naturelles; l'auteur commence par les définitions, qui sont presque toujours de sa rédaction et qui donnent une idée nette du sujet; il reprend ensuite chacun des cadres de la division, et y dispose ses différentes lois.

J'ai déjà dit que Pothier *conserve religieusement le texte des lois;* et c'est en cela principalement que d'Aguesseau mettait son plan fort au-dessus de celui de Vigélius. Mais comme ces lois, rapprochées nûment l'une de l'autre, auraient souvent offert du décousu, Pothier a pris soin de les lier entre elles par de courtes transitions qu'il a fait imprimer en caractères italiques pour les distinguer du texte romain.

Il faut avoir étudié avec quelque méditation cet admirable ouvrage des Pandectes ainsi disposées, pour comprendre le temps, le travail, l'attention minutieuse que Pothier a dû apporter à sa composition, afin de mettre ainsi chaque loi à sa vraie place.

Un seul mot, *idcircò, tamen, ideòque, verbi gratiâ*, etc., est souvent l'expression abrégée d'un long commentaire de Cujas ou d'un autre auteur qui avait laborieusement démontré que telle loi placée à l'une des extrémités du Digeste était la conséquence, la modification ou le développement de telle autre loi reléguée fort loin de là, et qu'il fallait les rapprocher pour les bien entendre.

Pothier a réussi dans ces rapprochemens avec un bonheur qu'on n'aurait osé espérer. Un jeune avocat qui m'est trop cher pour que je ne saisisse pas avec plaisir l'occasion de le citer, a donné en peu de mots la plus belle et la plus juste idée du travail de Pothier, dans un passage de l'intéressante notice qu'il a faite sur ce jurisconsulte dans la *Galerie française*. « Pendant plus de douze ans, dit-il, Pothier a travaillé à cet ouvrage immense, interrogé les anciens, étudié les modernes, dévoré tous les commentateurs. Sa scrupuleuse érudition a tout consulté, tout vérifié, reproduit et classé tout ce qui méritait de rester. *Il a fait ce que dix-sept jurisconsultes choisis par Justinien* (1) *n'avaient pu faire sur les lois de leur pays!* Souvent, dans son livre, un mot vaut un commentaire, et le classement d'une loi suffit à son interprétation : tant est grande la puissance de la méthode (2)! Et si l'on ajoute que dans une classification aussi compliquée et par sa nature aussi arbitraire, il ne s'est encore élevé aucune critique fondée; qu'il n'est pas une seule loi, dans trois volumes in-folio, qui ne soit à sa place,

---

(1) *De confirmatione digestorum ad senatum et omnes populos,* § 9.

(2) Aussi l'auteur de la nouvelle édition des Pandectes, dont nous parlerons bientôt, a-t-il donné pour épigraphe à ce livre, cet hémistiche d'Horace :

.... Tantum series juncturaque pollet!

quelle force de tête ne suppose point un pareil travail ! »

Le droit des Pandectes avait subi quelques changemens par les diverses constitutions des Empereurs, insérées dans le Code, et par les Novelles qui vinrent plus tard déroger, soit aux Pandectes, soit au Code lui-même : Pothier a eu soin d'indiquer ces changemens, soit en rapportant les textes mêmes du Code et des Novelles, soit en les abrégeant lorsqu'il les trouvait trop prolixes, *cùm prolixiores sint et gothicam aliquatenùs jàm redolerent barbariem.*

Enfin, il a mis des *notes* courtes, mais suffisantes, sur les endroits difficiles, soit à raison des variantes du texte, soit à raison des interpolations commises par Tribonien et ses collègues, soit à raison des antinomies vraies ou apparentes, et des controverses élevées à ce sujet entre les jurisconsultes.

A la fin de chaque volume sont des

tables où les lois sont indiquées ainsi que leurs paragraphes dans l'ordre qu'elles occupent dans le Digeste ; avec des renvois aux titres et aux numéros sous lesquels elles se trouvent dans les nouvelles Pandectes.

On doit dire que Pothier a été aidé dans son entreprise par M. de Guienne, avocat au Parlement, son intime ami. La *Préface* est de M. de Guienne. Pothier lui en fournissait le plan et les matériaux : mais quoiqu'avec beaucoup de littérature ancienne, il n'aimait pas ce genre de composition châtiée et ornée ; il ne s'attachait qu'au positif de la science. Il n'y aurait donc point eu de préface, ou une très courte, si M. de Guienne ne s'en fût chargé.

Cette préface, qui est très bien écrite, comprend 72 pages in-folio. C'est une véritable *introduction à l'étude du Droit romain ;* imprimée séparément, elle formerait seule un ouvrage important, et réellement élémentaire. Elle est divisée en trois parties. La première explique les diverses espèces de lois et de promulgations dont la législation romaine se composa successivement. Dans la seconde, on trouve une biographie intéressante de tous les jurisconsultes dont les écrits ont été mis à contribution pour la confection des Pandectes, ou dont les opinions y sont rapportées : leur nombre s'élève à 92. Ces jurisconsultes furent, comme on sait, partagés en deux sectes principales, celle des Proculéiens et celle des Sabiniens. Par là s'expliquent les oppositions de sentiment qui existaient entre les jurisconsultes de ces différentes sectes sur plusieurs questions graves; ce sont ces oppositions auxquelles Tribonien et ses collègues ont fait trop peu d'attention, et qui, transportées dans le Corps de Droit, ont constitué des antimonies souvent insolubles. Si la critique ne conduit pas à concilier ce qui est en effet inconciliable, elle a du moins cette utilité, de nous indiquer la source de ces déplorables contradictions, et de nous éviter la peine inutile de chercher à les faire disparaître entièrement. La troisième partie de la préface est consacrée à rendre compte de la composition du Corps de Droit : *de opere Justinianeo ;* du degré d'autorité qu'obtint cette collection de lois ; de sa destinée au déclin et après la chute de l'Empire jusqu'à la renaissance des lettres et le rétablissement des écoles de Droit ; on y traite de l'excellence du Droit romain, quant au fond de la doctrine ; mais on n'y dissimule pas les vices qui se sont glissés dans l'œuvre de Tribonien, l'absence de toute méthode et cette confusion qui a rendu nécessaire l'ouvrage de Pothier.

M. de Guienne a eu aussi beaucoup de part au *Commentaire sur la loi des* XII *Tables*, qui est à la tête du deuxième volume dans la première édition, et qui dans les autres vient immédiatement après la préface. Ce commentaire était indispensable. En effet, la loi des XII Tables a été le premier fondement de la législation romaine; les édits des préteurs, les écrits des jurisconsultes avaient eu principalement pour objet d'interpréter cette loi que Tite-Live appelle *fons universi publici privatique juris.* Mais ces auteurs ou ces édits n'en rapportent ordinairement que quelques mots : il devenait donc indispensable de donner en tête des Pandectes le texte de cette loi aussi entier qu'ont pu le reproduire les efforts des jurisconsultes qui ont travaillé à en réunir les fragmens épars dans les divers monumens de l'antiquité. A la tête de ces laborieux restaurateurs se trouve Jacques Godefroy qui a restitué l'ancien texte en langue *osque*, avec une traduction *latine* et des notes interprétatives. Pothier a pris pour base de son travail celui de J. Godefroy, en y joignant seulement un commentaire plus étendu.

A la suite on trouve les fragmens de l'*Édit perpétuel*, qui, comme on sait, n'est qu'un abrégé des édits particuliers des divers magistrats *quibus erat jus edicendi*. Cette compilation, faite sous le règne et par ordre d'Adrien par le jurisconsulte Julien, était devenue un second code de la législation romaine ; aussi l'appela-t-on *Édit perpétuel*, parce qu'il devait remplacer à l'avenir la jurisprudence incertaine et versatile de ces *édits annuels* que les magistrats étaient auparavant dans l'usage de proposer au moment de leur entrée en charge (1), et dont l'autorité expirait avec leur magistrature (2).

---

(1) *Voyez* mon *Précis historique du Droit romain*, sixième édition, pag. 54.

(2) C'est-à-dire au bout de l'an. C'est pour-

D'Aguesseau avait recommandé à Pothier de traiter avec un soin particulier les deux derniers titres du Digeste, *De verborum significatione*, et *De regulis juris*.

Je ne puis résister au désir de transcrire ici les recommandations qu'il fit à ce sujet à l'auteur des Pandectes.

« En travaillant sur chaque titre particulier, il faudrait en extraire, *comme par récapitulation*, 1° les lois qui définissent les termes de Droit ; 2° les règles générales qui se trouvent dans les lois du titre. Ce travail, jusqu'à présent, *n'a été bien exécuté par personne*. Quand on aurait eu une attention persévérante à le faire sur tous les titres, on réunirait tout ce qui se trouverait dans chacun

---

quoi Cicéron, dans sa deuxième Verrine, n° 42, appelle l'édit du préteur, *lex annua cui finem adferunt kalendæ januariæ*.

sur les deux points que je viens de marquer, pour en former deux titres généraux, l'un *De verborum significatione*, l'autre *De regulis juris*, qui seraient meilleurs que ce que l'on trouve sous ces deux rubriques dans le Digeste; et il ne s'agirait plus que de donner à l'un et à l'autre *un ordre plus naturel et plus parfait* que celui qu'on a suivi dans l'arrangement de ces deux titres dans le Corps de Droit. »

Pothier approuvait entièrement le plan de M. le chancelier; mais il inclinait à faire de ces deux titres un *ouvrage séparé*, et à ne leur donner dans ses Pandectes qu'une médiocre étendue.

D'Aguesseau s'attache à combattre cette idée, dans une lettre du 20 avril 1745. « Je trouve, dit-il, deux inconvéniens dans ce dessein. Le premier est que les deux titres dont il s'agit, et qui, selon votre lettre, seront compris dans votre grand ouvrage, ne s'y trouveront que d'une manière très superficielle et très imparfaite, puisque, si j'ai bien conçu votre pensée, ils ne contiendront que les règles que vous n'aurez pu placer sous aucuns de tous les titres précédens; ce ne sera donc qu'une espèce de *résidu*, qui ne répondra nullement à la promesse que ces titres font aux lecteurs, ou à ce qu'ils leur annoncent.

» Le second inconvénient est qu'il faudra par là que ceux qui s'attachent à l'étude de la jurisprudence romaine aient deux livres au lieu d'un, et qu'ils soient souvent obligés de chercher dans deux ouvrages ce qu'ils devraient trouver dans un seul.

» Ainsi, soit parce qu'on doit tendre toujours à l'intégrité d'un dessein également rempli dans toutes ses parties, soit parce qu'il est juste d'avoir égard à la facilité et à la commodité de ceux qui s'en servent, je crois que, sans renvoyer à un autre temps les deux titres plus étendus que vous vous proposez de donner sur les règles du Droit et sur la signification des mots, il est fort à propos que vous les fassiez entrer dès à présent dans l'ouvrage qui est sous la presse. Comme vous en avez sans doute tous les matériaux déjà rassemblés, vous n'aurez pas besoin de beaucoup de temps pour les mettre dans l'ordre que vous m'avez marqué, et qui est fort bon. Quand même cela devrait retarder un peu l'impression de votre livre, le public en serait bien dédommagé par l'avantage d'avoir un ouvrage parfait, où il trouverait tout ce qu'il peut désirer sans être obligé d'en attendre une espèce de supplément; et vous y gagnerez même du côté de la réputation du livre, à laquelle les deux titres dont il est question peuvent beaucoup contribuer, parce qu'ils seront peut-être le premier objet de l'attention des connaisseurs, qui voudront juger promptement par là du mérite et de l'utilité de votre méthode.

» Je ne doute pas, au surplus, qu'en travaillant sur ces deux titres, vous n'ayez fait et ne fassiez encore un grand usage du savant ouvrage que Jacques Godefroy a fait sur le titre *De regulis juris*, et de celui de Petrus Faber, président des enquêtes du Parlement de Toulouse, qui était aussi un des plus habiles jurisconsultes que la France ait produits. Je ne vous parle point de plusieurs auteurs qui vous sont sans doute bien connus, et surtout de M. Domat, dont on peut tirer de grands secours sur ce qui regarde les règles générales du Droit.

» Vous ne m'avez pas parlé dans votre lettre du plan que vous vous êtes formé sur le titre *De verborum significatione*, mais je présume que quand vous vous proposez de faire imprimer ce titre séparément et d'une manière plus étendue, votre intention n'est pas de le faire dégénérer en dictionnaire ou en *lexicon juris*, semblable à celui de Brisson ou de Calvin, et que, suivant l'esprit général de ce titre, vous le renfermez dans les explications des mots qui ont été donnés par les lois mêmes, et qui contiennent ou qui indiquent un principe ou une règle de droit, ou la manière d'en interpréter les textes.

» Ce sont à peu près les réflexions que j'ai faites en lisant votre dernière lettre; et vous devez les regarder comme une nouvelle preuve du cas que je fais de votre travail, et de l'estime avec laquelle je suis, etc. »

D'Aguesseau avait raison : et Pothier se rendit à son avis. Son titre *De verborum significatione* est un bon *lexique de Droit*, d'autant meilleur qu'il est dégagé de tout verbiage. Le titre *De regulis juris* n'est pas un recueil de règles isolées, décousues, sans liaison entre elles, et qui laissent l'esprit dans un vague propre à faciliter les fausses applications; elles sont classées méthodiquement sous différens titres, qui peuvent donner une idée de ce qu'eussent été les Pandectes, si Pothier avait osé se rendre maître des divisions générales aussi bien que du classement des lois. Ces règles, ainsi disposées, sont un véritable *Abrégé des Pandectes*, et feraient réellement, comme Pothier en avait eu l'idée, un ouvrage à part, dont il serait très utile de donner une édition séparée dans un format portatif. Il serait même à désirer qu'un jurisconsulte pût fixer dans sa mémoire la plupart de ces maximes; car, pour emprunter encore ici le suffrage de d'Aguesseau (1), « on ne saurait trop se remplir l'esprit de ces *notions communes*, qui sont comme autant d'*ora-*

(1) D'Aguesseau, *Instruct. à son fils*, tom. I, pag. 279.

cles de la jurisprudence, et comme le précis de toutes les réflexions des jurisconsultes. Rien même ne fait plus d'honneur à un jeune homme qui fait son Droit, que d'*avoir en main ces sortes de sentences*, qui donnent non-seulement de l'ornement, mais du suc à toutes ses réponses. »

On conçoit l'immense quantité de livres que Pothier a dû lire ou consulter pour dresser ses Pandectes. Sa bibliothèque particulière était considérable; et il avait à sa disposition la bibliothèque publique d'Orléans, fondée par M. Prousteau, docteur de l'Université (1), dont

(1) En 1614, M. Prousteau fit don de sa bibliothèque aux bénédictins d'Orléans, qui la tenaient ouverte trois jours par semaine. Cette bibliothèque fut encore augmentée par le legs que Pothier lui fit d'une bonne partie de la sienne. (*Voyez* ci-après, § VII.) — Rien de plus honorable que ces nobles fondations con-

le fonds était principalement en livres de Droit. Au surplus, Pothier lui-même

---

senties au profit de la science dans l'intérêt de tous. Mais il faut savoir *respecter l'intention des fondateurs;* autrement on ne doit guère espérer de voir de tels exemples suivis.

La *Bibliothèque des Avocats de Paris* a dû son premier établissement à M. de Riparfonds, qui, en l'année 1708, légua ses livres à ses confrères. Depuis, elle s'était accrue successivement par des donations et acquisitions partielles. La révolution, qui a vu la suppression de l'Ordre des avocats, a aussi entraîné la confiscation de leur bibliothèque. Mais elle n'a pas été vendue; nos livres existent encore en nature, partie à la Cour de cassation, partie au Conseil d'État. Au moment où l'on propose de voter un *milliard* pour indemniser les anciens propriétaires des biens *vendus* par suite de confiscation, serait-il donc impossible à nos anciens, sans pour cela déplaire à personne, de réclamer notre bibliothèque en vertu de cette loi d'équité qui a prononcé la restitution des *biens invendus?* — On objecte que cette loi

a pris soin de donner, en tête du troisième volume, le catalogue des divers

---

n'a point parlé des meubles ! — Je réponds qu'elle n'a pas parlé des meubles meublans, par la difficulté de les suivre et de les reconnaître ; mais il n'en est pas ainsi de nos livres. Sur le titre de chacun d'eux, on voit encore le cachet de l'Ordre : *Titulus perpetuò clamat*. Ces livres d'ailleurs sont pleins des maximes de la propriété. Dans les livres de droit canonique, on lit, *bien d'autrui tu ne prendras*, NI RETIENDRAS A TON ESCIENT ; dans ceux du droit de la nature et des gens, on lit, *est jus gentium præ se ferens*, REDDE QUOD DEBES ; enfin, dans tous les ouvrages sur le droit romain, *justitia est constans et perpetua voluntas* SUUM CUIQUE *tribuendi*. Il y a là de quoi faire tomber le livre des mains des magistrats et conseillers qui s'en servent. Espérons donc qu'on nous les rendra.

Les avocats du barreau de Rouen sont réduits comme nous à réclamer leur bibliothèque. Que l'on soit donc conséquent avec soi-même ; et lorsque tout retentit du mot *indemnité*, que

auteurs dont il s'est servi, *Notitia variorum auctorum quos in illustrando hoc nostro Pandectarum Justinianearum opere adhibuimus; et quorum nomina in eo passim* (in notis præcipuè) *laudantur*. Leur nombre est deux cent soixante-huit, et la plupart ont composé des in-folio!

Heineccius, dont la gloire est contemporaine de celle de Pothier, figure dans ce catalogue, où l'on trouve indiqués ceux des ouvrages qui avaient déjà rendu sa réputation européenne.

On est seulement surpris de ne pas y trouver le nom de *Vigélius*, dont les efforts dans le même genre que ceux de Pothier avaient dû exciter sa curiosité, d'autant mieux que d'Aguesseau lui avait conseillé de le consulter. Je ne sais

---

l'on commence donc par ce qu'il y a de plus facile au monde, *rendre à son ancien et véritable maître ce qui n'a pas été vendu!!!*

quel moderne a aussi reproché à Pothier « de n'avoir jamais cité J. Voët, quoiqu'il lui fût beaucoup redevable. » Ce reproche est inadmissible. D'abord, il est de fait que Pothier a cité Voët en plusieurs rencontres. Le reproche se réduirait donc à ne l'avoir pas cité plus souvent. Ensuite, indépendamment de ce qu'on ne voit pas trop en quoi Pothier aurait été le plagiaire de Voët, on peut assurer que s'il lui avait dû quelque bonne observation, il n'eût pas négligé de le citer, aucun auteur n'ayant jamais attaché plus de modestie que Pothier à ses propres ouvrages, et rendu plus que lui justice à ceux des autres.

Eh! qu'importe d'ailleurs qu'il ait emprunté telle ou telle explication aux commentateurs et aux controversistes? Lui-même avoue qu'il les a tous mis à contribution; et c'est un des mérites de son ouvrage. Mais ce qu'il ne leur a pas emprunté, c'est sa méthode, car aucun d'eux n'en a montré. Ils ne savent ordinairement que se traîner à la suite des textes qu'ils interprètent, et épiloguer sur les mots qu'ils prétendent expliquer. La méthode de Pothier n'appartient qu'à lui seul; elle procède uniquement de la puissance de conception avec laquelle il savait embrasser tout un sujet :

Cui lecta potenter erit res,
Nec facundia deseret hunc, nec lucidus ordo.

Les amis de Pothier ont remarqué que les livres qu'il a le plus habituellement étudiés ont été les Pandectes mêmes et le Code, qu'il a dû revoir sans cesse, pour se les rendre familiers au point d'avoir, en quelque sorte, tous les textes présens à la fois; les ouvrages de Cujas et ceux de Dumoulin. On en a jugé ainsi par l'état de délabrement où ces trois livres se sont trouvés dans sa bibliothèque (1).

(1) Letrosne, pag. 84.

Les Pandectes étaient terminées; mais ce n'était pas tout. Déjà l'on a vu qu'il avait fallu que le chancelier intervînt pour procurer à l'auteur les moyens de faire recopier son manuscrit. La difficulté était de faire imprimer un ouvrage considérable, écrit en latin, et sur une matière dont l'étude était alors assez négligée. On eut beaucoup de peine à trouver des libraires qui voulussent s'en charger; ils craignaient que le débit n'en fût impossible ou très long.

Enfin, un téméraire voulut bien se charger de l'entreprise. Pothier donna gratuitement son manuscrit à un imprimeur de Chartres; et l'ouvrage parut en 1748, trois volumes in-folio.

Pothier dédia ses Pandectes à d'Aguesseau, qui, en les recevant, pouvait bien dire *et quarum pars*....

Cette dédicace ne fut donc pas une œuvre de flatterie (Pothier en était incapable), mais un juste tribut de reconnaissance pour les encouragemens que l'illustre chancelier n'avait cessé de prodiguer à l'ouvrage (1).

Au lieu de se perdre en lieux communs, Pothier saisit cette occasion de supplier le chancelier d'employer sa haute influence à ranimer un peu parmi nous l'étude du Droit romain, tombée dans une sorte de discrédit. Il est temps, dit-il, que cette étude, qui, pendant longtemps, a eu son premier siége parmi nous, soit enfin rappelée de l'émigration où elle gémit chez les Germains et les Bataves, et qu'elle soit rétablie, par un retour naturel (2), dans les anciens honneurs dont elle a joui en France, sa véritable patrie!

---

(1) Nec peregrinam sanè mercem offero, vir eruditissime, legum romanarum corpus; quas tibi à teneris commendatas, semper habuisti in deliciis. (*Dédicace.*)

(2) Quodam postliminii jure. (*Dédicace.*)

Pothier avait raison; la science du Droit romain semblait s'être exilée du sol français. Aussi, il faut l'avouer à la honte des docteurs de cette époque, l'ouvrage fut accueilli très froidement en France; le débit fut assez lent, pour que l'imprimeur de Chartres, à qui Pothier avait cru faire présent en lui cédant gratuitement son privilége, éprouvât, par le défaut de rentrée de ses fonds, une gêne momentanée. Le scrupuleux auteur pensa qu'il devait l'adoucir par des sacrifices pécuniaires. La presque totalité de l'édition fut achetée par ces Bataves et ces Germains dont Pothier parle dans sa dédicace (1), et ce ne fut

(1) Henri Kellinghusen, conseiller aulique de Prusse, fit exprès le voyage d'Orléans, pour voir celui que le célèbre syndic de Rotterdam, Meerman, avait déjà salué du titre de *Pandectarum restitutor felicissimus;* et il remporta dans sa patrie trente exemplaires de ce bel ou-

qu'après ce succès obtenu à l'étranger (1), et lorsque les exemplaires étaient devenus rares en France, que nos jurisconsultes nationaux ouvrirent enfin les yeux sur le mérite de leur compatriote, et recherchèrent les Pandectes de Pothier avec un empressement qui ne s'est pas démenti depuis.

Les Pandectes de Pothier n'ont essuyé

---

vrage. (*Biographie universelle.*) Beaucoup de demandes de la part de l'étranger suivirent ce premier achat.

(1) Je ne sais à quoi tient cette fâcheuse disposition des esprits en France ; mais on a fréquemment remarqué que les plus belles inventions ont eu lieu parmi nous, et que cependant leurs auteurs ont été froidement accueillis. Rebutés ou délaissés dans leur propre patrie, ils ont porté leurs découvertes à l'étranger ; et ce n'est en général qu'après l'expérience faite ailleurs, que nous daignons recevoir nos propres inventions, *quodam postliminii jure*, pour me servir de la métaphore de Pothier.

d'autre critique que celle d'un journaliste de Leipsick (1), qui, soit par jalousie de ce que la gloire d'une si grande entreprise était enlevée aux *Allemands*, soit par d'autres motifs, attaqua avec aigreur l'ouvrage du jurisconsulte *français*.

Il en parla comme d'un ouvrage qui n'avait rien de neuf et d'intéressant; comme d'un travail sans mérite, entrepris pour se faire un nom *à peu de frais*, et dans lequel on ne trouvait pas ce fonds d'érudition dont autrefois tous les jurisconsultes, et encore aujourd'hui les *doctissimes* allemands *illustrent* ou surchargent leurs compositions.

Pothier n'était pas homme à entrer en

(1) La critique des deux premiers volumes se trouve *in Novis Actis eruditorum*, dans le *Journal des Savans*, imprimé à Leipsick, le 1er août 1753, page 453; et la critique du tome III, dans le même recueil, 1er décembre 1755.

lice pour son propre compte; mais ses amis prirent soin de le défendre d'office; et avant même que la satire ne fût arrivée jusqu'à lui, M. Breton de Mont-Ramier avait déjà réfuté le *critique saxon*, dans une lettre adressée à MM. les auteurs du *Journal des Savans* (1). Ainsi, Pothier put lire son apologie en même temps que sa censure.

J'ai souvent entendu raconter à M. Poirier, célèbre avocat du barreau de Paris, né à Orléans, et parent de Prévôt de la Janès, ainsi qu'à M. Perreau, inspecteur-général des Écoles de Droit, qui avaient

---

(1) Lettre *à MM. les auteurs du Journal des Savans, touchant la critique que les journalistes de Leipsick ont faite des Pandectes de M. Pothier.* (Paris, Desaint et Saillant.) Cette lettre est datée d'Orléans, le 22 février 1753. Elle est signée de son auteur. Les critiques sont anonymes; le nom du Zoïle n'est pas venu jusqu'à nous.

fait leur Droit l'un et l'autre sous Pothier, qu'un de ses élèves avait aussi entrepris la *défense des Pandectes*, dans un *Mémoire* plein d'érudition, de vivacité et d'énergie. Dans cet écrit, le jeune légiste attaquait surtout la prétention des savans de Leipsick, de rendre la science du Droit stationnaire, en interdisant aux nouveaux venus de se frayer des routes nouvelles, et en les réduisant à se traîner péniblement sur les traces de leurs prédécesseurs. L'auteur du Mémoire avait pris pour épigraphe ces vers d'Horace qu'on trouverait souvent occasion de rappeler aujourd'hui à tous ceux de nos compatriotes qne l'on a si justement appelés les *contemporains du passé* :

.....Quià nil rectum, nisi quod placuit sibi, ducunt ;
Vel quià turpe putant parere minoribus, et quæ
Imberbi didicere, senes perdenda fateri (1).

HORAT. *epist.* 1, *lib.* 2, *v.* 80.

---

(1) A cette autorité profane, je veux ajouter

Au surplus, Pothier fut assez vengé d'une critique isolée, par l'estime d'ail-

---

une autorité plus respectable encore, et qui le paraîtra sans doute à ces *laudatores temporis acti*, qui se déclarent si imprudemment de nos jours les adversaires, que dis-je! les ennemis de toute perfectibilité humaine : c'est celle de saint Bernard, dans la lettre 91 qu'il écrit à ses moines, pour les exhorter à aller en avant et à marcher fermes dans la voie de la perfection. « Saint Paul, leur dit-il, oublie ce qui est derrière lui; il s'avance de plus en plus, et il se perfectionne davantage. Dieu seul, parce qu'il est tout parfait, ne peut devenir meilleur. *Loin de nous, ceux qui disent : Nous ne voulons pas être meilleurs que nos pères....* Jacob vit les anges monter et descendre sur l'échelle mystérieuse qui unissait la terre au ciel; *mais en vit-il s'y arrêter et s'y asseoir?* Il est impossible de s'y arrêter. *Ici-bas, rien ne demeure dans le même état :* il faut absolument ou monter ou descendre. On tombe si l'on s'arrête en chemin. Ainsi, moquez-vous de ceux que vous ne pouvez guérir qu'en deve-

leurs universelle qui ne tarda pas à environner son ouvrage.

Peu d'années après sa mort, la première édition se trouvant épuisée, le

---

nant malade avec eux : *n'attendez pas que vos constitutions soient du goût de tout le monde...* Vous ne feriez presque jamais aucun bien. »

Pascal offre aussi une belle pensée sur ce même sujet. « Par une prérogative particulière, dit-il, non-seulement chacun des hommes *s'avance de jour en jour* dans les sciences, mais tous les hommes ensemble y font un *continuel progrès*, parce que la même chose arrive dans la succession des hommes que dans les âges différens d'un seul individu. De sorte que toute la suite des hommes, pendant le cours de tant de siècles, doit être considérée comme *un même homme* qui subsiste toujours, et *qui apprend continuellement :* d'où l'on voit avec combien d'injustice nous respectons les philosophes de l'antiquité, principalement à cause de leur ancienneté ; car, comme la vieillesse est l'âge le plus distant de l'enfance, qui ne voit que la vieillesse de cet homme universel

besoin d'en donner une seconde se fit généralement sentir. Guyot, jadis concurrent de Pothier, devenu ensuite son collègue dans le professorat, et resté son ami, avait acheté à sa mort un exemplaire des Pandectes, chargé de corrections de la main de l'auteur. Il s'aida de cet exemplaire pour la seconde édition, qui parut à Lyon en 1782.

Le titre annonce qu'elle est *plus correcte* que la précédente. Et, en effet, malgré tous les soins apportés par M. de Guienne à la correction des épreuves, il n'était guère possible que, dans un ouvrage de ce genre, il ne se glissât beaucoup de fautes. Elles avaient été relevées dans un *errata;* et l'éditeur lyonnais rétablit dans le corps de l'ou-

---

ne doit pas être cherchée dans les temps proches de sa naissance, mais dans ceux qui en sont les plus éloignés? » (*Pensées*, première partie, art. 1.)

vrage les omissions signalées dans la première édition.

Mais, à son tour, il n'a pu éviter d'en commettre un grand nombre, et de fournir matière à de nouveaux *errata*.

Cette seconde édition a suffi long-temps aux besoins du public.

D'ailleurs, peu d'années après, la révolution a éclaté; l'étude de toute espèce de Droit a été abandonnée, et les écoles n'ont été rétablies qu'en 1804.

Mais depuis cette époque, une jeunesse nombreuse, ardente, avide d'instruction, s'est vouée à l'étude du Droit romain. Les principaux ouvrages élémentaires d'Heineccius ont été plusieurs fois réimprimés parmi nous. Les derniers exemplaires des Pandectes ont été promptement absorbés; et de nombreuses demandes, restées sans moyen de les satisfaire, ont fait sentir le besoin d'une troisième édition.

Toutefois, ce n'était pas chose facile.

Presque tous les anciens docteurs étaient morts ; et ceux qui vivaient encore, atteints par la caducité, ou doués d'une remarquable médiocrité, étaient peu propres à surveiller l'exécution d'une telle entreprise. Elle exigeait, de la part de l'éditeur, une grande habitude de la langue latine, et une connaissance approfondie du Droit romain ; une application soutenue au travail ; la force et la volonté d'y résister long-temps ; une attention minutieuse à la collation des lois, à la vérification des textes, et à la correction même des épreuves, tout ici dépendant surtout d'une bonne exécution typographique.

Ces conditions se trouvèrent heureusement réunies dans la personne de M. Latruffe, avocat et docteur en Droit des nouvelles facultés. Il entreprit de faire réimprimer les *Pandectes ;* et à force de temps, de soins, et de cette patience dont les frères Pithou, ses compatriotes, lui avaient donné l'exemple, il est parvenu à donner une édition qui surpasse infiniment les deux autres en beauté et en correction.

Toutes les fautes signalées dans les *errata* des deux premières ont disparu de celle-ci. Beaucoup d'autres, qui n'avaient pas été signalées, ont également été rectifiées par le savant éditeur.

Les textes du Digeste et du Code ont été collationnés et vérifiés sur les meilleures éditions, non-seulement celles d'Haloandre et de Godefroy, mais encore sur les éditions plus modernes dirigées par Gébauer et Spangenberg; et les textes de l'ancien droit, sur l'excellente édition qu'en ont donnée à Berlin, en 1815, Gustave Hugo, et autres habiles jurisconsultes (1).

(1) *Jus civile ante-Justinianæum, codicum et optimatum editionum ope, à societate juris-*

Des additions importantes ont été faites aux titres *De verborum significatione*, et *De regulis juris* : les tables, souvent fautives dans les premières éditions, ont été refaites en entier.

Enfin, cette édition offre de plus que les précédentes :

1°. Un fac-simile de l'écriture de Pothier. Ce fac-simile reproduit une lettre écrite par Pothier à M. de Chevigny, le 20 juillet 1741, pendant qu'il travaillait à ses Pandectes; on y voit avec quelle modestie Pothier déférait aux observations de ses amis.

2°. Un *specimen* du manuscrit des *Pandectes Florentines*, qu'on sait avoir

---

consultorum curatum, 2 vol. formant ensemble 1608 pages, gr. in-8°, Berlin, 1815; A. Mylius. Hugo a fait la préface et soigné l'édition des fragmens d'Ulpien. Les autres textes ont été revus par MM. Haubold, Beerner, Gœschen et Savigny.

été le type des meilleures éditions du Corps de Droit ; aussi Cujas les appelle-t-il *Castiora Digesta*.

3°. Les critiques originales du journaliste de Leipsick, avec la traduction française en regard (1) ; — la réponse française de M. Breton de Mont-Ramier, que M. Latruffe a traduite en latin ; afin, dit-il, que les pièces du procès puissent être lues par ceux qui connaissent l'une ou l'autre langue, *ut judices hic adesse possent alterutrius linguæ periti* ; — enfin, une réponse latine, que M. Latruffe lui-même a pris la peine de faire à la dernière partie du *Journal des Savans*, M. de Mont-Ramier n'ayant répondu qu'à la première.

(1) M. Latruffe n'a pas imité le scrupule de Fabrot, qui, dans son édition des Œuvres de Cujas, n'a pas voulu rapporter les observations critiques de Robert, *ne manes iratos Cujacii haberet!*

M. Latruffe aurait dû traduire aussi sa réponse en français, par la même raison qui l'a porté à reproduire dans les deux langues les critiques de Leipsick, et la lettre de M. de Mont-Ramier.

4°. La dédicace de Pothier à M. d'Aguesseau, qu'il reproche aux éditeurs de Lyon d'avoir eu l'impiété d'omettre : *Ad Aguæsseum Dedicationem impiè omissam.*

5°. La dédicace de M. Latruffe à M. Pasquier, alors garde des sceaux, et qui, à l'exemple de d'Aguesseau, eut aussi le mérite d'encourager les travaux qu'il jugeait utiles ; ce qui fait dire avec raison à l'auteur de l'épître, qu'il ne dédie pas cette édition au Ministre, à cause de l'éminente dignité dont il est revêtu, mais pour la protection qu'il a accordée à ses travaux, *non dignitatis modò, sed proprio tibi patronatûs jure.*

6°. Enfin, en tête du premier volume, on voit une belle lithographie représentant le portrait de Pothier, au bas duquel on lit des vers, où le docte éditeur célèbre en ces termes le travail des Pandectes :

Confusam patrii molem componere juris
Non potuit Cæsar, non Tr[illegible]ius ipse, nec ulli
Ex illis, dùm Roma viguit, potuêre Quiritum.
Ausus idem, pietate insignis et ingenii vi,
POTHERIUS propriâ feliciter arte peregit :
Quæque Tribonianus *congesta reliquit eodem*
Non benè junctarum discordia fragmina legum,
Hæc ille evolvit cæcoque exemit acervo,
Dissociata locis concordi pace ligavit,
Justinianæamque, alter velut ipse creator,
Congeriem secuit, sectamque in membra redegit;
Nostraque, Potherio duce et auspice, retulit ætas
Optatos olìm frustrà tibi, Roma, triumphos.

Tel est l'ouvrage qui a valu à Pothier le titre de *Pandectarum restitutor felicissimus*; ouvrage tel que, dans mon opinion, s'il fallait opter entre sa perte et celle de tous les autres ouvrages composés sur le Droit romain, je n'hésiterais pas à m'écrier : *Sauvez les Pandectes de Pothier!*

« Que de travaux et de temps, dit M. Letrosne, n'eût pas épargné l'ouvrage de Pothier à tous ceux qui se sont livrés à l'étude du Droit, s'il eût été exécuté quelques siècles plus tôt! »

Sans doute: mais j'ai déjà dit que ce travail ne pouvait pas naître avant l'époque où Pothier l'a entrepris. Quelques siècles plus tôt, Pothier lui-même eût manqué des moyens de l'exécuter; le génie de Cujas y eût échoué. Il a fallu que les uns épurassent la lettre du texte; que d'autres prissent soin de l'éclaircir par leurs commentaires; que l'antiquité fût un peu plus dévoilée, la critique plus éclairée, et que la philosophie eût inspiré le goût de l'analyse et de la méthode : tant il est vrai *qu'il faut le temps à tout.*

Qui croirait qu'à l'époque où nous vivons, on ressuscite presque contre Pothier les querelles surannées du journaliste de Leipsick, et cela en France! Il existe une petite secte(1) qui s'efforce d'introduire le *germanisme* dans la jurisprudence, à l'exemple de cette École qui voudrait faire dominer le *romantisme*, dans notre littérature. Ces prétentions sont également opposées à notre bon goût, à notre génie national, à l'esprit comme aux besoins de l'époque où nous vivons.

---

(1) Les réflexions que je fais ici sont générales, et dégagées de toute application particulière. Je le déclare pour répondre à ceux qui, à l'apparition de la première édition de cette Dissertation, ont paru disposés à y voir une attaque personnelle contre quelques-uns des rédacteurs de la *Thémis*. (*Voyez* l'article très bien fait de M. Taillandier, dans la *Revue encyclopédique*, tom. XXVI, pag. 208.) C'est une erreur; j'ai une estime particulière pour les savans rédacteurs de la *Thémis*. Je compte parmi eux plusieurs amis; et j'aimais surtout à y voir Jourdan, à qui je donnai les premières leçons de Droit, et dont la perte m'a été fort sensible.

Partisan du Droit romain, à l'étude duquel j'ai voué la plus grande partie de ma jeunesse, je ne puis toutefois m'empêcher de proclamer que, dans mon opinion, cette étude, aujourd'hui plus que jamais, est réduite à nous fournir des maximes de droit naturel, des exemples de bon sens, des modèles de simplicité dans le raisonnement, de clarté dans la discussion des raisons de douter ou de décider, de rectitude et de justesse dans les solutions. Mais les subtilités ne sont plus à la mode; leur temps est passé, et malheur à l'avocat qui entreprendait de les transporter de l'École au Barreau! Le Droit romain n'y veut être invoqué qu'avec sobriété; on ne peut y importer avec fruit que *les textes* qui réunissent la clarté à la concision, qui sont conformes à nos mœurs et à nos usages, et dont l'application à la cause se présente naturellement et sans effort. Quant aux inductions éloignées, aux analogies susceptibles de controverses, elles sont bannies de nos discussions; elles ne peuvent servir, elles nuisent même aux affaires. Dans nos cabinets, le Droit romain n'est pour nous que la *raison écrite;* à l'audience, il ne doit être pour nos juges que la *raison parlée.* Rendons donc grâces à Pothier d'avoir fait le Corps de Droit *classique,* lorsque par lui-même il ne l'était pas; et d'avoir abrégé nos recherches, en facilitant la rencontre de ces maximes qui seules peuvent nous être de quelque utilité. Sans doute, on devra toujours honorer les travaux des docteurs qui persisteront à étudier le *Corpus Juris* tel que l'a donné Justinien; qui, non contens de cette lecture, voudront remonter aux sources, interroger les fragmens originaux des vieux jurisconsultes, consulter encore la Glose, Alciat, Balde, Duaren, relire tout Cujas, et ne pas négliger Voët, Govéan, Averanius et Noodt : voilà les savans! Ulpien et Scœvola, conversant avec eux, les tiendraient pour leurs confrères; ils pourraient du même pas se promener ensemble dans le Forum, revêtir la toge, et plaider avec un égal avantage devant le préteur et ses pédanées; car ce sont vraiment des Romains! Mais Cochin et Gerbier, mais Tronchet, mais Ferey, leur livrant combat sur un point de Coutume, ou sur une Ordonnance de nos rois, auraient peine à s'entendre avec eux. A les voir si fort aguerris dans les subtilités romaines, si peu versés dans le véritable esprit de notre Droit français, ils les tiendraient pour étrangers dans leur propre pays. Inclinons-nous, j'y consens, devant ces druides de la Jurisprudence; mais si nous ramenons tout à l'utile, je le répète, *n'étudions le Droit romain que dans ses rapports avec le Droit français;* n'y cherchons que des leçons de logique, d'équité, de bon sens: lisons les Pandectes de Pothier, et négligeons les controversistes.

Parlerai-je d'une *Traduction française des Pandectes de Pothier?*... Je ne prétends pas en contester l'exactitude, mais j'en nie l'utilité. Au profit de qui, en effet, traduire les lois romaines en français? Au profit de ceux qui sont incapables de les entendre dans le texte? Eh bien! que ceux-là renoncent aussi à l'espoir de les entendre dans la traduction. En effet, la difficulté d'entendre les lois romaines ne vient pas de ce qu'elles sont écrites en latin : le latin est aussi clair que le français, et l'on peut même dire que la langue de la jurisprudence romaine est mieux faite que celle de notre droit. Mais l'obscurité viendra, par exemple, de ce que Tribonien a fait son extrait trop court, et n'a pas pris dans un auteur tout ce qui était nécessaire pour bien préciser l'espèce; ou de ce que la loi suppose la connaissance du droit public des Romains, de leurs mœurs, de leurs usages. Dans ces divers cas, que la loi soit en latin ou en français, ou dans toute autre langue, elle sera également obscure pour l'ignorant lecteur qui ne sait pas un mot de latin. Il faudra donc lui traduire aussi Cujas et tous ceux dont les commentaires ont expliqué la loi, pour lui apprendre ce qu'il ne sait pas? Mieux vaut le laisser dans l'ignorance complète, que d'en faire un [illegible]int. Ceux qui ne savent pas le la[illegible]eront pas les lois romain[illegible]; cela [illegible]ux qu[illegible] de leur fournir les moyens de les citer mal à propos et à contre-sens. Je partage entièrement, à cet égard, les réflexions fort justes que le même sujet a suggérées aux estimables rédacteurs de *la Thémis* (1).

« Les traducteurs, disent-ils, ne voient dans le Corps de Droit que du latin à tourner en français; ils *confondent les difficultés de la science avec celles du langage*; ils ne voient point la partie

(1) Tome II, page 35.

technique. Cependant il faut être poëte pour traduire Homère et Virgile; il faut être peintre pour copier un tableau.... Pour faire parler les jurisconsultes, soyons jurisconsultes nous-mêmes (1). Pour nous constituer interprètes de Papinien, ne faut-il pas d'abord pénétrer toute son intention? Commençons donc par l'étudier, et nous verrons ensuite si nous penserons à le traduire.... C'est sur les textes que nous discutons en français; or, les textes sont latins, et resteront toujours tels. *Pour les entendre, il faut savoir le latin et apprendre le Droit.* Ce n'est pas

---

(1) Le numéro déjà cité de la *Thémis* (novembre 1824, tom. VII, pag. 19) offre une preuve saillante que, pour citer à propos et avec intelligence les lois romaines, il ne suffit pas de savoir le latin, d'être bon homme de lettres, et d'ailleurs fort habile et fort instruit, mais qu'il faut encore être jurisconsulte. L'article est de M. Jourdan, et porte sur M. Guizot. La lecture en est très piquante.

trop exiger de ceux qui aspirent au titre de jurisconsultes. »

A l'instant où j'écris, on vient d'annoncer une *Analyse* ou *Table analytique des Pandectes de Pothier*, par M. Moreau de Monthalin, avocat aux conseils, en 2 volumes in-8° de 600 pages chacun, imprimés en petit-texte à deux colonnes. Si ce travail est bien exécuté, il ne sera pas sans utilité : mais je ne puis en juger, ne le connaissant encore que par l'annonce qui en a été faite. Cette Table, au surplus, est dédiée à M. le garde des sceaux (Peyronnet), comme l'ouvrage même fut dédié au chancelier (d'Aguesseau).

Traités du Droit français.

J'ai dit des *Pandectes de Pothier* que cet ouvrage aurait été d'une exécution impraticable quelques siècles plus tôt ; j'en dis autant de ses *Traités de Droit français*.

En effet, la jurisprudence romaine était remplie d'obscurité pour les écrivains du moyen âge qui s'en constituèrent les premiers interprètes; mais du moins elle offrait un Code général de lois, un système de législation, *un Corps de Droit*. Mais dans quel état se trouvait, à l'époque de la découverte des Pandectes, ce qu'on appelait notre *Droit français?*

Les *Codes des barbares* avaient depuis long-temps cessé d'être en usage; les *Capitulaires* mêmes s'étaient effacés: leur autorité s'était progressivement affaiblie avec la puissance des derniers Carlovingiens; elle périt avec eux.

Pendant quelque temps tout se trouva confondu. La puissance royale n'était plus qu'une brillante et dangereuse abstraction, soumise à l'élection des grands et des évêques, et quelquefois exposée à déchéance, tonsure ou révocation.

Le pouvoir n'émanait plus des Rois.

Toutes les charges étaient devenues héréditaires; et comme cette *hérédité des fonctions publiques* était une conséquence de l'*hérédité des fiefs*, le TERRITOIRE se trouva aliéné en même temps que le POUVOIR. Les sujets des seigneurs n'étaient plus que très imparfaitement les sujets du Roi : il ne pouvait rien leur ordonner directement (1). Réduit à ses domaines

---

(1) Saint Louis, prêt de s'embarquer pour la cinquième croisade, convoqua tous les barons de son royaume à Paris, pour leur faire prêter serment, que s'il arrivait faute de lui dans son voyage d'outre-mer, ils s'engageaient à reconnaître ses enfans pour ses successeurs. Joinville, qui sûrement était bien attaché au saint Roi, fut convoqué comme les autres; *mais moi*, dit-il, *qui n'étais point sujet à lui, ne voulus point faire de serment, et aussi n'était point mon intention de demeurer*. Sur quoi Du Cange, dans ses Dissertations XIII et XIV, établit solidement que c'était une suite de la loi des fiefs, qui défendait aux arrière-vassaux

qui eux-mêmes se trouvaient réduits à peu de chose, c'est là seulement qu'il était *Roi*, parce qu'il y était *Seigneur*. Là seulement aussi, il était législateur; et ses règlemens n'avaient pas d'auto-

---

de rendre ni serment ni hommage, à raison de leurs fiefs, à leur seigneur dominant, ne devant reconnaître que leur seigneur immédiat, *dont ils étaient spécialement les sujets*. Telle était en effet la jurisprudence d'alors : ce qui se confirme par l'article des établissemens de saint Louis, que ce prince publia, lors de son dernier voyage en Afrique, où il est dit que le vassal est obligé, sous peine de confiscation de son fief, de suivre son seigneur à la guerre contre le Roi même, dans le cas où le Roi aurait refusé justice à son seigneur. Ce même Joinville, écrivant depuis à Louis-le-Hutin, le prie de l'excuser s'il ne l'appelle que *son bon seigneur*, parce qu'il ne doit le titre de *monseigneur* qu'au comte de Champagne, son suzerain. (*Du Cange.*) Étrange effet de l'autorité usurpée! mais qui s'était étendu même au-delà de notre France, puisque l'empereur Frédé-

rité dans les terres de ses barons, à moins que ces derniers n'y eussent consenti. Car ces seigneurs féodaux étaient véritablement des souverains au petit-pied, ayant droit de se faire la guerre, de battre monnaie (1), de lever des impôts, de rendre la justice, de faire des ordonnances, d'octroyer des chartes!

A mesure que l'autorité royale, devenue déjà plus forte par les riches domaines dont la dota Hugues-Capet, eut surmonté les résistances, apaisé les révoltes, fait taire les oppressions, quelques règlemens

ric I, pour détruire un pareil abus, marque expressément dans son ordonnance du camp de Ronçal, qu'il entend que l'empereur soit nommément excepté du serment de fidélité que le vassal prêtera à son seigneur. (*Abrégé chronolog.* de Hénault.)

(1) Jusque sous le règne de saint Louis, en 1262, plus de quatre-vingts barons avaient encore le droit de battre monnaie. (Pig. Lebr., *Hist. de France*, tom. III, pag. 400.)

royaux commencèrent à rendre à la législation son caractère de généralité.

Mais cette amélioration vint bien lentement, car c'est précisément à l'occasion des *Établissemens de saint Louis* (donnés en 1270) que Montesquieu remarque, d'après Beaumanoir, qu'ils n'eurent proprement force de loi que dans les pays qu'on appelait *de l'obéissance du Roi*, par opposition aux seigneuries particulières qui étaient réputées *hors l'obéissance du Roi* (1).

Quoi qu'il en soit, ces *Établissemens* finirent par pénétrer dans les Cours de baronie, où leur sagesse les fit adopter, comme on le voit clairement par l'ouvrage de Beaumanoir.

C'est à la promulgation de ces Établissemens (2) qu'on attribue les trois grandes

---

(1) *Esprit des Lois*, liv. 28, chap. 30.

(2) *Voyez* mes *Notices bibliographiques*, pag. 14 et suiv.

causes qui ont le plus contribué à diminuer l'orgueilleuse puissance des seigneurs, et à donner à la justice et à la jurisprudence un cours plus constant et plus régulier : 1° la défense des guerres privées, 2° l'abolition du combat judiciaire, 3° la permission d'appeler au ban du Roi des sentences rendues par les officiers des seigneurs.

Ce dernier avantage devint plus sensible encore, lorsqu'en 1302, le Parlement ayant été rendu sédentaire, offrit un corps de magistrature qui, en peu de temps, devint assez respectable pour faire trembler les vassaux les plus puissans, devant la justice du Roi (1).

Alors on vit, à côté des ordonnances de nos Rois, se former ce qu'on a depuis

---

(1) A la vérité, l'action du Parlement n'était pas enchaînée comme l'est aujourd'hui celle de nos tribunaux par l'art. 75 d'une Constitution de l'an VIII.

appelé la *jurisprudence des arrêts.* Ces arrêts, compilés d'abord en 1313 par Jean de Mont-Luc, ont été le type de toutes les collections de ce genre qui depuis sont venues en si grand nombre encombrer nos bibliothèques (1).

Le Droit français eut encore une autre source. L'abolition, ou si l'on veut l'oubli de toutes les lois écrites, vers la fin de la seconde race, avait donné naissance à l'introduction des *Coutumes*.

Ces Coutumes n'étaient point rédigées par écrit. On était le plus souvent réduit à faire des enquêtes *par turbes*, sur leur existence plus ou moins controversée.

Il en résultait pour les plaideurs des frais énormes et des lenteurs interminables : enfin Charles VII ordonna qu'elles

---

(1) *Voyez* dans le *Manuel des étudians en Droit*, l'opuscule intitulé : *De la jurisprudence des arrêts*, sect. VI.

seraient rédigées par écrit (1). Mais dans cette rédaction, quoique faite sous la présidence de commissaires départis (2), les puissans eurent la haute-main; et presque toutes les Coutumes, muettes sur la plupart des matières du droit civil, n'offrirent guère que des Codes destinés à consacrer l'exaction de la dîme et les usurpations de la féodalité.

Le nombre de ces Coutumes, presque toutes différentes entre elles, s'élevait à 84 Coutumes dites *générales*, non compris les Coutumes *locales* (3).

Voilà donc quels étaient, au commencement du XVIe siècle, les seuls élémens de notre Droit français : quelques *Or-*

---

(1) Ordonnance donnée à Montil-lez-Tours, en 1453, art. 123.

(2) *Missi dominici*.

(3) En comptant celles-ci, on en trouve 550 dans le *Coutumier général*, publié par Bourdot de Richebourg.

donnances et Chartes royales, la *jurisprudence* des arrêts, les *Coutumes*.

A peine celles-ci furent-elles rédigées par écrit, que les jurisconsultes s'en emparèrent : chacun voulut expliquer la Coutume de sa province (1); et le nombre des commentateurs des Coutumes égala bientôt celui des scholiastes du Droit romain.

Dumoulin fut pour le Droit français ce que Cujas, son contemporain, fut pour le Droit romain.

Avec une doctrine égale à celle de Cujas, un génie plus hardi, il n'eut que le désavantage d'écrire dans un style barbare qui rend la lecture de ses ouvrages pénible et rebutante.

Cujas avait concentré ses études sur le Droit romain. Soigneux d'éviter toute controverse périlleuse, il se garda sur-

(1) *Chacun en sa chacune*, selon l'expression de Papon.

tout d'aborder les matières canoniques, qui étaient alors des matières ardentes; et toutes les fois qu'on voulait l'amener sur ce terrain, il s'en tirait en disant: *Nil hoc ad Edictum Prætoris.*

Dumoulin, au contraire, embrassa tout-à-la-fois dans ses études et dans ses écrits, le Droit romain, les Coutumes, la jurisprudence et les matières ecclésiastiques, à l'occasion desquelles il défendit avec énergie l'indépendance de la couronne en France, contre les prétentions ultramontaines, au risque de ce qui pouvait en arriver pour lui-même.

Il ne se borna pas à donner sur la Coutume de Paris, le plus docte et le plus profond de tous les commentaires; il fit des notes sur les principales Coutumes de France; il aurait voulu les ramener à *l'uniformité*, et n'en former *qu'un seul Code!*

Le chancelier de L'Hospital, qui dans un siècle malheureux joignit l'exacte probité et l'amour de la patrie à la politique habile et à l'élévation de l'esprit et du savoir, avait les mêmes vues que Dumoulin sur la nécessité de donner *une législation uniforme à la France.*

Mais dans ces temps de massacres et d'*immolations*, comment oser entreprendre de réformer utilement la législation ?

C'était aux jurisconsultes à préparer encore long-temps l'œuvre du législateur.

Un siècle s'était écoulé depuis Dumoulin, et dans cet intervalle la jurisprudence avait déjà pris une face plus régulière. Toutes les Coutumes avaient été interprétées par les meilleurs jurisconsultes. Plusieurs *ordonnances générales* avaient réglé la police du royaume, réformé les abus introduits dans l'administration de la justice, statué sur plusieurs matières importantes du droit civil : les cours souveraines, par leurs *arrêts de règlement*, avaient suppléé au défaut d'une législation plus générale, et par leurs arrêts particuliers avaient résolu un grand nombre de difficultés de détail; beaucoup d'auteurs avaient de leur côté publié des ouvrages de doctrine, où le Droit romain était appelé au secours du Droit français.

Mais aucun n'avait tenté de refondre, pour ainsi dire, toute la jurisprudence, de lui donner de l'ensemble et de l'unité, et d'offrir sur toutes les matières de Droit un *corps de doctrine et de principes méthodiquement disposé.*

Ce qu'aucun de ses prédécesseurs n'avait osé, Domat l'entreprit.

Son dessein était de réunir et de classer *les lois civiles dans leur ordre naturel;* de faire le même travail sur le *droit public*, et d'y joindre un choix des lois romaines, *legum delectus*, de celles qu'il estimerait pouvoir être utiles à l'interprétation du Droit français.

D'Aguesseau eut encore dans cette occasion l'honneur de l'avoir encouragé et mis à portée d'exécuter une si belle entreprise, en le faisant venir à Paris où il appela sur lui les grâces du roi.

Écoutons d'Aguesseau lui-même rendre témoignage au génie de Domat ; il conseille à son fils (1) l'étude de *ce grand ouvrage* des lois civiles dans leur ordre naturel.

« Personne, dit-il, n'a mieux approfondi que Domat, le véritable principe des lois, et ne l'a expliqué d'une manière plus digne d'un philosophe, d'un jurisconsulte et d'un chrétien ! Après avoir remonté jusqu'au premier principe, il descend jusqu'aux dernières conséquences. Il les développe dans un ordre presque géométrique ; toutes les différentes espèces de lois y sont détaillées avec les caractères qui les distinguent. C'est le

(1) Première instruction, tom. I, pag. 273.

plan général de la société civile le mieux fait et le plus achevé qui ait jamais paru, et je l'ai toujours regardé comme un ouvrage précieux que j'ai vu croître et presque naître entre mes mains, par l'amitié que l'auteur avait pour moi. *Vous devez vous estimer heureux*, mon cher fils, *de trouver cet ouvrage fait avant que vous entriez dans l'étude de la jurisprudence*. Vous y apporterez un esprit non-seulement de jurisconsulte, mais de *législateur*, si vous le lisez avec l'attention qu'il mérite; et vous serez en état, par les principes qu'il vous donnera, de distinguer de vous-même, dans toutes les lois que vous lirez, ce qui appartient à la justice naturelle et immuable, de ce qui n'est que l'ouvrage d'une volonté positive et arbitraire; de ne vous point laisser éblouir par les subtilités qui sont souvent répandues dans les jurisconsultes romains, et de puiser avec sûreté dans ce *trésor de la raison humaine et du sens commun* que l'on trouve recueilli dans le Digeste, comme je vous le dirai quand il sera temps que vous commenciez à l'étudier. »

Un peu plus loin il dit encore en parlant de Domat :

« On peut l'appeler le *jurisconsulte des magistrats ;* et quiconque posséderait bien son ouvrage, ne serait peut-être pas le plus profond des jurisconsultes, mais il serait le plus solide et le plus sûr de tous les juges (1). »

Tel était l'état de la jurisprudence

---

(1) Prévôt de la Janès avait laissé parmi ses manuscrits, une *Histoire de la vie et des ouvrages de Jean Domat,* qu'en 1742 il était dans l'intention de publier. Mais l'impression éprouva divers obstacles, dont le principal était l'opposition du censeur royal Hardion, qui taxant, on ne sait trop sur quel fondement, l'ouvrage de *jansénisme,* exigeait de nombreuses corrections qui l'eussent défiguré, et par-dessus tout *le retranchement absolu de tout*

française, lorsque Pothier vint lui donner un nouvel éclat.

---

ce qui, dans cet écrit, avait trait à Pascal (*), compatriote et intime ami de Domat. Ainsi, à cette époque comme dans ces derniers temps, la censure était exercée par les jésuites et à leur profit. « L'éloge de Domat, réuni à deux autres ouvrages inédits de la Janès, faisait partie de la bibliothèque publique de la ville d'Orléans, dit l'auteur de l'article *Prévôt de la Janès*, dans la *Biographie universelle*, t. XXXVI, p. 64, col. 1. Ce recueil, indiqué dans le Catalogue de 1777, par D. Fabre, a *disparu*, ainsi que plusieurs autres, lors du désordre momentané des troubles révolutionnaires. » — Il est commode de tout rejeter sur les troubles révolutionnaires : mais sans disputer sur l'époque où cet enlèvement d'un manuscrit *suspect de jansénisme* a pu avoir lieu, je crois qu'on peut avec plus de raison conjecturer que cet enlèvement a eu lieu avec discernement par un de

(*) Charles X vient d'envoyer la statue de Pascal à Clermont, ville natale de ce grand écrivain. Ce trait est digne du monarque qui, à son avènement, a supprimé la censure.....

Pothier avait fait marcher de front l'étude du Droit français et celle du Droit romain.

Sa méthode était, à mesure qu'il étudiait une matière, d'en composer un

---

ceux à qui l'ouvrage avait déplu, et qui voyait dans l'abolition de l'ancienne censure, l'anéantissement de l'obstacle apporté jusque là à la publication du manuscrit. *Is fecit cui prodest.*

On doit beaucoup regretter cette perte. Les ouvrages de Domat jouissent d'une juste estime parmi les jurisconsultes; mais sa personne est trop peu connue. Sa vie, écrite par Prévôt de la Janès, eût eu sans doute un attrait particulier; car ce dernier avait le talent de bien écrire, qualité assez rare pour être remarquée chez les gens de robe.

C'est, au surplus, un éloge qu'a mérité aussi le biographe de Prévôt de la Janès, M. le président de la Place de Montevray, à qui je m'empresse d'adresser mes remercîmens pour l'obligeance qu'il a mise à me communiquer la lettre originale de Pothier, dont le *fac simile* est en tête de mon édition in-8°.

traité, persuadé que la meilleure, peut-être la seule manière de se rendre propre une science, est de la travailler par écrit. La nécessité de mettre de l'ordre dans ses idées, de les bien concevoir pour les bien exprimer, de les envisager sous toutes les faces pour les classer exactement, force l'esprit à l'application, et l'accoutume à la justesse et à la méthode, avantage que la lecture, même répétée, ne peut jamais procurer.

Pothier avait ainsi parcouru toutes les matières du Droit français : ses provisions, si l'on peut dire ainsi, étaient faites; mais il n'avait encore rien publié. Ses manuscrits étaient pour lui, ce que sont des esquisses et des têtes d'étude pour celui que la nature a destiné à devenir un grand peintre.

Le premier ouvrage auquel il s'appliqua avec l'intention de le faire imprimer, fut le *Commentaire sur la Coutume d'Orléans*. C'était un tribut payé à l'ancien goût des jurisconsultes pour les commentaires; c'était aussi une œuvre patriotique, puisque la coutume formait le droit commun du pays. Il y travailla de concert avec Jousse et Prévôt de la Janès (1). Le Commentaire parut en 1740, 2 volumes in-12.

Il y avait plusieurs autres commen-

(1) « Voici la note de ceux qui ont travaillé sur la Coutume d'Orléans, édition de 1740. M. de la Janès est auteur des notes sur les titres 9, 13, 14, 15 et 16; M. Pothier est auteur de celles sur les titres 1, 2, 3, 10, 11, 12, 17, 18, 21, 22; et j'ai travaillé à celles sur les titres 4, 5, 6, 7, 8, 19, 20 et 23. » Cette note m'a été communiquée par M. Poirier, qui la tenait directement de M. Jousse.

Dans une autre note placée au bas de la page 22 de l'*Éloge* qui se trouve en tête du Traité de la possession, on lit que M. Prévôt de la Janès est l'auteur du *Discours historique* sur la Coutume d'Orléans, qui est en tête du deuxième volume, ainsi que de l'éloge de M. Lalande.

taires sur la Coutume d'Orléans ; mais celui-ci les fit à peu près oublier (1). L'édition était épuisée ; un long intervalle s'était écoulé ; Prévôt de la Janès n'existait plus. Le libraire s'adressa à Pothier, et le pria de donner ses soins à une nouvelle édition. Pothier s'en chargea volontiers. Mais au lieu d'un simple travail de révision, il en exécuta un tout différent et bien plus important. Les analyses qu'il avait déjà faites de toutes les matières du Droit français lui suggérèrent l'idée de placer en tête de chaque titre de la Coutume une *introduction* contenant un traité abrégé de la matière : espèce de commentaire infiniment plus utile que des notes, qui, n'étant relatives qu'à un article, ne laissent point de liaison dans l'esprit, et ne fournissent que des connaissances aussi décousues que le texte même qu'elles

(1) Excepté toutefois celui de Lalande.

interprètent. Il a joint des explications sur les articles qui ont besoin d'éclaircissement, et il renvoie continuellement de ces notes à l'introduction qui précède le titre, et de ces introductions aux articles et aux notes, ce qui lie ensemble tout l'ouvrage. Forcé de se restreindre par le peu d'étendue, il a serré son style; de sorte qu'on a dans cet ouvrage un excellent abrégé de ses traités. On y trouve tout ce qui est essentiel à savoir, exposé avec netteté et précision; et je pense, avec M. Letrosne, que quiconque posséderait bien ces deux volumes, aurait une connaissance assez étendue de notre ancien droit coutumier (1).

---

(1) J'en suis si convaincu, que j'ai eu l'idée, que je n'abandonne pas, de faire réimprimer séparément ces *Introductions*, pour en faire une sorte d'*Abrégé élémentaire de l'ancien droit coutumier*, qui, sous tant de rapports, est encore le droit d'aujourd'hui.

Ce commentaire est un des plus courts et des meilleurs qu'il y ait. Il est du petit nombre de ceux qui ont été faits par des auteurs qui possédaient bien le Droit romain, et qui en ont tiré le plus grand parti pour le développement de notre droit national, quand ils ont eu le bon esprit de ne pas méconnaître le caractère propre et essentiel des deux législations, et de négliger ce que le Droit romain offre quelquefois de subtil, pour ne lui emprunter que ces règles d'équité qui ont mérité qu'on le nommât *la raison écrite*.

Ce nouveau commentaire fut imprimé en 1760.

Pothier était alors dans toute la puissance de sa raison; la publication de ses Pandectes l'avait mis au premier rang de ses contemporains pour le Droit romain; il ne lui restait plus qu'à conquérir la même supériorité pour le Droit français.

Son dessein était de donner successivement des traités *ex professo* sur toutes les matières du Droit, et de dépenser, au profit de la jurisprudence française, tous les trésors qu'il avait acquis dans son long commerce avec les jurisconsultes romains.

Déjà ses *Introductions* aux divers titres de la Coutume d'Orléans avaient fait pressentir ce qu'on devait attendre de lui dans cette nouvelle carrière. Un chef-d'œuvre vint bientôt dépasser toutes les espérances.

En 1761, parut le *Traité des Obligations*, dont je n'hésiste point à dire que c'est le plus beau livre de Droit qui soit sorti de la main des hommes.

Pothier avait remarqué dans ses études (1), que si chaque contrat a des ca-

---

(1) Et surtout en disposant les titres de ses Pandectes, *De Pactis*, *de Obligationibus et Actionibus*, *De Solutionibus*, etc., etc.

ractères qui lui sont *propres*, tous les contrats ont entre eux des rapports qui leur sont *communs*. Il résolut dès lors de rassembler toutes les notions qui avaient ce *caractère de généralité*, et d'en composer une espèce de *prototype* applicable à toutes les conventions particulières et à toutes les obligations qui en dérivent. Il considéra les conventions en elles-mêmes, dans leur formation élémentaire, dans leur essence, dans leurs différentes modalités, dans leur exécution, et jusque dans les manières de les dissoudre. Et comme, en traitant ces matières, il n'avait pas seulement présentes les lois portées par les législateurs humains, et que sa philosophie toute chrétienne ne lui avait jamais permis d'isoler son esprit de sa conscience, il traita des obligations *selon les règles tant du for de la conscience que du for extérieur*. Il aurait pu prendre pour épigraphe de son livre, celle que nous lui avons assignée dans cette nouvelle édition :

Fas et jura sinunt. VIRG.

Ainsi, cet immortel ouvrage n'est pas seulement un bon *livre de Droit*; c'est avant tout un excellent *livre de Morale*; une œuvre de tous les temps, de tous les pays, de toutes les nations; un livre auquel l'antiquité ne pourrait opposer que les *Offices de Cicéron*, et qui n'a de supérieur que l'*Évangile*, parce que l'Évangile est la parole même de Dieu.

On pourra se faire une idée du travail qu'a dû coûter à Pothier la composition de ce Traité, si l'on considère que le seul chapitre où il parle de la *divisibilité et de l'indivisibilité des obligations*, et qui n'occupe que soixante pages in-12, renferme la substance très nettement exprimée des deux cent vingt-trois pages in-folio que Dumoulin a écrites sur la même matière (1).

Dans ces derniers temps, l'occasion s'est offerte naturellement de faire du *Traité des Obligations* de Pothier un éloge mérité, devant la Cour royale d'Orléans. Cette cour avait à apprécier, par suite d'un renvoi de cassation, les effets d'une *obligation personnelle*, contractée par Louis XVIII, lorsqu'il n'était encore que prince du sang, envers le prince de Conti représenté par le chevalier Desgraviers. Le jeune orateur (2),

---

(1) Pothier avait d'abord fait une analyse latine du Traité de Dumoulin, sous le titre de *Synopsis Tractatûs Molinæi de dividuo et individuo;* il a ensuite extrait de ce premier travail ce qui se trouve dans son *Traité des Obligations,* où cette matière, que Dumoulin lui-même appelait *inextricable*, est exposée avec la plus grande lucidité.

(2) Dupin jeune.

chargé de plaider à Orléans cette même cause que j'avais défendue à Paris, invoqua devant ses juges l'autorité de Pothier, avec un accent qui retentira longtemps dans le souvenir de ceux qui l'ont entendu.

« Espérons, disait-il, que la Cour royale d'Orléans, consultant ses propres inspirations et ses lumières personnelles, ne cédera point à l'autorité d'un arrêt. Espérons qu'elle s'associera à la jurisprudence de la Cour royale de Paris, comme étant la seule vraie, la seule juste, la seule même qui soit digne de la majesté royale. Dans la ville qu'illustra l'immortel auteur du *Traité des Obligations*, ce jurisconsulte, homme de bien, qui écrivait toujours sous les inspirations de sa conscience, que la nature avait doué d'un prodigieux instinct d'équité, dont la plume religieuse soumettait toutes les transactions humaines, non-seulement aux lois des hommes, mais à celles qui nous sont venues d'en-haut; qui les jugeait d'après les *règles, tant du for de la conscience que du for extérieur;* il ne sera pas dit qu'une obligation sacrée, également obligatoire *in utroque foro*, sera brisée sous le vain prétexte que l'obligé est devenu roi! Cet accroissement de dignité, de puissance, de richesse, n'est-il pas un lien de plus? Et lorsque, de toutes les parties de l'Europe, les oracles de la jurisprudence, les magistrats, les jurisconsultes que la renommée signale comme les plus doctes et les plus graves nous attestent que partout les obligations contractées par les princes les suivent jusque sur le trône (1), la

---

(1) On produisait dans la cause les consultations données par des jurisconsultes des diverses monarchies européennes, attestant uniformément qu'il n'est pas une seule monarchie, même absolue, où le roi cesse, par son avène-

Cour royale d'Orléans voudra que, dans ce corps de Droit européen, son arrêt figure glorieusement pour son roi, glorieusement pour la France, glorieusement pour elle-même! »

Jamais, en effet, il ne s'était rencontré de cause où cette Cour pût faire une plus éclatante application des principes développés par l'immortel auteur du *Traité des Obligations.*

Après avoir assigné les caractères généraux des conventions, il devenait facile à Pothier de traiter chaque contrat en particulier; il n'avait plus, pour ainsi dire, qu'à déduire les conséquences de ses principes.

Aussi, depuis la publication de son *Traité des Obligations* jusqu'à sa mort, chaque année a vu paraître quelque nou-

---

ment au trône, d'être tenu personnellement des dettes qu'il a contractées auparavant comme personne privée.

veau Traité. Et le crédit du premier ouvrage était si bien établi, qu'au lieu d'inscrire sur le titre de ceux qui parurent depuis, le nom de Pothier, les libraires préférèrent mettre, *par l'auteur du Traité des Obligations;* c'était tout dire.

Nous allons parcourir la série de ces divers Traités, dans l'ordre où ils furent livrés au public (1).

En 1762, Traité du contrat de *Vente*, 2 vol. in-12, reliés ordinairement en 1. — Traité des *Retraits*, pour servir d'ap-

---

(1) Voyez un journal intitulé : *Mémoires pour servir à l'histoire des Sciences et des Beaux-Arts*, décembre 1753, p. 2897 ; octobre 1764, deuxième vol. page 1112 et suiv.; et la continuation de ces mémoires sous le titre de *Journal des Beaux-Arts et des Sciences.* « Je ne sais pas d'ouvrage périodique, dit M. de Bièvre, où l'on ait rendu des différens Traités de M. Pothier, à mesure qu'ils paraissaient, un compte plus exact et plus judicieux. »

pendice au Traité du contrat de vente, 1 vol. in-12.

En 1763, Traité du contrat de *Constitution de Rente*. — Traité du contrat de *Change*; de la négociation qui se fait par *la lettre de change*; des billets de change et autres effets de commerce. — Ces deux traités reliés en 1 seul vol. in-12.

En 1764, Traité du contr de *Louage*, avec un *Appendice* où il est traité de quelques espèces de contrats ressemblans au contrat de louage. — Traité du contrat de *Bail à rente*; le tout en 1 vol. in-12.

En 1765, *Supplément* au Traité du contrat de Louage, ou Traité des contrats de *Louage maritimes*. — Traité du contrat de *Société*, avec deux *Appendices*, dans l'un desquels on traite des obligations de la *Communauté* qui est formée sans contrat de société; et dans l'autre, de celles qui naissent du *Voisi-*

nage. — Traité des *Cheptels.* Le tout 3 vol., reliés en 1 seul.

En 1766 et 1767, Traité des contrats de *bienfaisance*; — du *prêt à usage*; — du *précaire*; — du *prêt de consomption*; — du quasi-contrat appelé *promutuum*, et de la *condiction indebiti.* — Du *dépôt* et du *séquestre*; — du *mandat.* — Appendice du quasi-contrat *negotiorum gestorum*; — du *nantissement*;

Des *contrats aléatoires* : d'*assurance*, du *prêt à la grosse aventure*; du *jeu* (1).

---

(1) Il serait à désirer que ceux qui jouent par intérêt ou par habitude, ou même par désœuvrement, arrêtassent un peu leur attention sur les conditions qui doivent être observées dans le jeu, pour qu'il ne s'écarte pas des règles de la justice : par exemple, si celui qui joue a réellement le droit de disposer de la somme qu'il risque, s'il est majeur ou mineur, célibataire ou marié et père de famille, si son consentement est libre et bien réfléchi, si la partie est ou n'est pas égale, s'il y a fidélité dans le

— Tous ces Traités sont réunis en 3 vol. in-12.

En 1768, Traité du contrat de *mariage*, 2 vol. in-12.—A la fin du tome II se trouvent, 1° une observation générale sur les précédens Traités de l'auteur; il y est question de la *prestation des fautes*; 2° une observation qui tombe sur le n° 137 du contrat de mandat, relativement à la *distraction des dépens*.

En 1769, Traité de la *Communauté*, en tête duquel se trouve un Traité de la *puissance du mari* sur la personne et les biens de la femme, 2 vol. in-12. — A la fin du tome II, l'auteur a placé une observation sur le contrat de *nantissement*.

---

jeu, s'il n'a rien d'exagéré, etc., etc. Ce serait peut-être le meilleur moyen d'arrêter les excès d'une passion si funeste. M. de Bièvre développe très bien cette idée, page 107 et suiv. de son Éloge de Pothier.

En 1770, Traité du *Douaire*, 1 vol. in-12. — Traités du *droit d'habitation*; — des *donations entre mari et femme*; — et du *don mutuel*, auquel on a joint l'*interprétation de l'art.* 68 *de la Coutume de Dunois*, relatif au don mutuel permis par cette Coutume. — Tous ces Traités réunis en 1 vol. in-12.

En 1771 et 1772, Traité du droit de *domaine de Propriété*, 1 vol. in-12. — Traité de la *Possession* et de la *Prescription*, 1 vol. in-12.

Pothier est mort en 1772.

Il avait laissé beaucoup d'autres *Traités*, dont la plupart n'étaient encore qu'ébauchés : on s'est empressé de les publier; en voici le catalogue :

Traités des *Fiefs*, Censives, relevoisons et champarts, 2 vol. in-12.

Traités de la *Garde noble* et *bourgeoise*, du *Préciput légal des nobles*, des *Hypothèques* et des *Substitutions*, 1 vol. in-12.

Traité des *Successions*, 1 vol. in-12.

Traités des *Propres* et des *donations testamentaires*, 1 vol. in-12.

Traités des *Donations entre vifs*, des *personnes* et des *choses*, 1 vol. in-12.

Traité de la *Procédure civile et criminelle*, 2 vol. in-12.

L'auteur de la notice qui se trouve en tête du tome II des *OEuvres posthumes* de Pothier, signale encore comme sortis de la plume de cet illustre auteur, les ouvrages suivans :

Traité des *Servitudes*.

Traité de la *Légitime*.

Traité de la *Subrogation*.

Traité de la *Vente des immeubles par décret*.

Traité de la *Représentation*.

Traité des *Réparations des bénéficiers*.

Extraits du Journal du Palais, d'Augeard, etc., etc. Plusieurs opuscules latins :

Epitome operis Grotii de jure belli et pacis.

Synopsis institutionum juris pontificii.

Paratitla in quinque libros Decretalium Gregorii IX.

Synopsis Tractatus Molinæi de dividuo et individuo.

Observations générales sur les Traités de Pothier.

I. Pothier a donné à ses Traités de Droit français un caractère particulier, en considérant chaque question selon les règles *tant du for de la conscience que du for extérieur*. Les jurisconsultes qui ont écrit avant lui, si l'on en excepte Domat, ne s'étaient guère attachés qu'au for extérieur, et croyaient avoir rempli leur tâche lorsqu'ils avaient mis leurs décisions d'accord avec les lois humaines. Pothier s'est montré plus difficile; il a voulu que toutes les obligations des hommes fussent subordonnées aux lois de l'éternelle justice. Cicéron, qui s'est si fort approché de la morale évangélique, tenait aussi pour principe qu'il faut toujours ramener le droit à l'équité; autrement, dit-il, ce ne serait vraiment pas *le droit* (1).

Pothier a soumis tous ses Traités à cette heureuse influence de la morale sur le droit. Cette carrière offrait plus d'un écueil; il a su les éviter. On ne retrouve pas en lui un élève d'Escobar (2),

---

(1) Jus semper quærendum est æquabile, neque enim aliter jus esset. Cic. de Officiis, *lib.* 2, *cap.* 12, *n.* 4. — Qui aliter jus civile tradunt, non tam justitiæ quam litigandi tradunt vias. Cic. de Legibus, *lib.* 1.

(2) « Il s'en faut beaucoup, dit M. de Bièvre, que tous les casuistes, même de profession, aient une morale aussi pure, aussi sévère, aussi sainte. Combien n'en voit-on pas qui, par les distinctions subtiles, les restrictions mentales, les ruses adroites qu'ils emploient

accommodant ses décisions aux faiblesses humaines, cédant aux prétextes et se relâchant au besoin (1). Ce n'est pas non

---

pour sauver les apparences et calmer les reproches secrets d'une conscience alarmée, altèrent les principes naturels, corrompent la religion jusque dans sa source, et ne laissent pas aux Chrétiens qu'ils séduisent même ces vertus morales dont les philosophes et les jurisconsultes païens faisaient la base de leurs préceptes et de leurs décisions? » Pages 112 et 113.

(1) « Ces moyens artificieux dont on use pour se dissimuler à soi-même et aux autres les traces de l'injustice, sont, dit Pothier, une pure illusion de la cupidité, qui peut tromper les hommes, mais qui ne peut tromper Dieu qui sonde le fond des cœurs, et qui ne juge pas des volontés par ce que l'on s'est faussement imaginé de vouloir, mais par ce qu'on a réellement voulu au fond du cœur. » Notre jurisconsulte offre de très belles applications de cette doctrine, dans son traité du *Contrat de Vente*, n. 233, jusqu'au n. 242, où il parle des engagemens du vendeur, qui résultent de *la bonne foi*.

plus un casuiste morose qui, par la difficulté de ses décisions, décourage le commun des hommes ; c'est un moraliste chrétien, le disciple de Nicole et de Pascal : car Pothier, je l'ai déjà dit, « appartenait, par ses opinions religieuses, à l'école sévère de Port-Royal. Il faisait partie de ces sages du christianisme chez qui l'austérité des mœurs s'unit à la pureté de la foi (1). »

M. Letrosne fait à ce sujet des réflexions

—Bourdaloue, qui, quoique *jésuite*, ne professait pas certaines *doctrines jésuitiques*, a fait aussi un fort beau sermon *sur la fausse conscience*. On ne peut trop en recommander la lecture à tout le monde, mais principalement à ceux qui professent que *la fin ennoblit le moyen*, ou, en d'autres termes, *que tous les moyens sont bons pour la bonne cause*. Je crois, au contraire, que rien n'est plus propre à compromettre la meilleure cause, que l'emploi de moyens illégitimes.

(1) Notice sur Pothier, par Dupin jeune, dans la *Galerie française*.

parfaitement justes, qu'on me pardonnera de transcrire ici :

Ce n'est qu'aux jurisconsultes, dit-il, qu'il appartient de tenir cette balance de la justice immuable dont la justice humaine ne nous offre qu'une ombre imparfaite. Ce n'est qu'à eux qu'il appartient de monter sur un tribunal supérieur à ceux que l'autorité civile peut ériger, et d'y régler avec une précision rigoureuse les droits et les devoirs des hommes. Cette partie de la morale est sans doute aussi du ressort des théologiens, et ils doivent en être instruits : mais c'est des jurisconsultes qu'ils doivent l'apprendre. Qu'ils ne rougissent pas de consulter les lois romaines; ils y trouveront, sur presque toutes les matières, des décisions pures, exactes, lumineuses, sans lesquelles on ne peut entreprendre de diriger les hommes sans risquer de les égarer par des décisions peu sûres, et de favoriser l'intérêt qui n'est que trop adroit à faire illusion à la bonne foi, ou d'alarmer et de troubler les consciences par des avis trop rigoureux et mal fondés. Aussi Pothier n'aimait-il pas que les théologiens ou casuistes entreprissent de traiter les matières de droit, et il a plusieurs fois réfuté les décisions de *l'auteur des Conférences de Paris*. Ils doivent lui savoir gré de leur avoir appris à appliquer les principes de la justice aux espèces si variées que font naître les conventions : ils ne peuvent craindre de se tromper en suivant les décisions d'un homme si éclairé (1). »

---

(1) Pothier n'a pas seulement rectifié les casuistes modernes : quand l'occasion s'en est présentée, il a aussi redressé ceux de l'antiquité. — Plutarque, dans la Vie de Solon, rapporte que des Milésiens, se trouvant dans l'île de Cos, avaient acheté de quelques pêcheurs leur *coup de filet*: ces pêcheurs, au lieu de poisson, amenèrent un *trépied d'or*. Grande

A ces réflexions de M. Letrosne, j'ajouterai que si ceux qui entreprennent

---

contestation entre les pêcheurs et les acheteurs, pour savoir à qui ce trépied appartiendrait? L'oracle de Delphes, consulté sur la question, adjugea le trépied au plus sage des mortels, afin qu'aucune des parties n'osant s'attribuer cette qualité, *le trépied d'or demeurât aux prêtres*. (Contrat de *vente*, n. 6.) — Pothier, plus équitable que l'oracle, regarde ce trépied comme une bonne fortune dont les pêcheurs seuls devaient profiter, parce que les parties contractantes, n'y ayant pas pensé, ne pouvaient le considérer comme ayant fait partie de leur convention : les uns n'avaient entendu vendre, et les autres n'avaient entendu acheter que le poisson qui serait pris. *Ibid.* — Cette décision de l'oracle rappelle celle du sénat romain qui, pris pour arbitre au sujet d'un territoire que se disputaient deux peuples voisins, les mit d'accord en adjugeant ce terrain à la république. Survint un troisième larron qui saisit maître Aliboron. Les abus de la politique et ceux de la religion ne se ressemblent que trop souvent.

de se faire casuistes doivent étudier la jurisprudence, il faut réciproquement que les jurisconsultes qui se portent à décider des cas de conscience fassent étude des lois canoniques. Sans cette double connaissance, on est également, de part et d'autre, exposé à l'erreur (1). Aussi Pothier avait-il étudié les lois ecclésiastiques avec profondeur et discernement. « La théologie, que son état lui rendait nécessaire, dit M. de Bièvre, il ne l'avait pas puisée dans cette scholastique subtile et pointilleuse qui obscurcit et dégrade la religion plutôt qu'elle ne l'éclaire et ne la soutient; mais il l'avait formée cette théologie sur l'Écriture-Sainte, les écrits des Pères et les décisions des conciles; sur les monumens précieux de nos libertés et les ouvrages de nos

---

(1) Voyez ce que j'ai dit à ce sujet dans mon *Introduction aux libertés de l'Église gallicane*, pages 54 et 55.

meilleurs canonistes : tous ces livres lui étaient aussi familiers que ceux des jurisconsultes romains. » On peut en juger par son *Traité sur le contrat de mariage*, également bien accueilli par l'Église et par le Barreau.

II. Pothier a employé le Droit romain avec sobriété. On aurait cru que l'auteur des Pandectes, fortement épris de ce Droit, aurait surchargé ses traités de Droit français de citations empruntées aux jurisconsultes romains. Nullement. Il est très réservé sur les citations. S'il rapporte des textes, c'est qu'ils sont courts, et présentent un sens clair et décisif qui a pour ainsi dire le caractère de sentence. Très souvent même il ne parle du Droit romain que pour avertir le lecteur que les principes de ce Droit, sur la matière dont il s'occupe, portent l'empreinte d'une *subtilité* que notre Droit français n'admet pas. — Il distingue aussi soigneusement le droit des Pandectes des lois du Code. Il préfère le premier, qui ne renferme que des principes libéraux ; le Code, au contraire, porte trop souvent l'empreinte du despotisme des empereurs. Pothier, quoiqu'il n'aimât point à faire des excursions dans le domaine de la politique, laissait quelquefois percer son sentiment : témoin ce passage que l'on n'eût pas imprimé impunément sous l'Empire. Il parle de l'abus que les empereurs romains faisaient des anciennes formes de la république pour tromper le peuple. « D'ordinaire, dit-il (1), lorsque les empereurs voulaient faire passer une constitution sur quelque matière, ils la faisaient proposer au sénat *per suos quæstores candidatos* (les orateurs du gouvernement); et le sénat, qui leur était as-

(1) Pothier, Traité de la Propriété, n. 406, en note.

servi, ne manquait pas de rendre un sénatus-consulte en conformité (1). »

III. S'il traite quelque matière du Droit coutumier, et qu'il ait occasion de comparer entre elles les différentes Coutumes, aucun sentiment de préférence ne se fait sentir dans ses jugemens, et dans cette confrontation continuelle de législations et d'auteurs, de lieux et d'époques, c'est dans la balance de l'impartialité qu'il pèse tous les avis (2).

IV. Sa méthode est admirable. Aucun jurisconsulte n'a mieux entendu que lui la distribution des matières. Il commence par une définition claire, capable de donner une juste idée du sujet qu'il va traiter. Si c'est un contrat, par exemple, il montre en quoi ce contrat *convient* avec tel autre, et en quoi il en *diffère*; il

---

(1) *Id* PRO LEGE *erat et senatus-consultum* DICEBATUR. Tacit. *Annal.* VI, 12.

(2) M. Boscheron-Desportes, p. 25.

recherche ce qui est *de son essence*, ou seulement *de sa nature*; il considère ensuite les *personnes* à qui ce contrat est permis ou défendu; les *choses* qui peuvent ou non en être l'objet; les *stipulations* dont il est susceptible; les *obligations* et par suite les *actions* qui en dérivent au profit ou à l'encontre des divers contractans; enfin les manières dont le contrat se *dissout*. En un mot, il prend chaque contrat dans son origine, le montre dans sa formation, le suit dans ses développemens, et le conduit jusqu'à exécution ou extinction.

V. Sa marche n'est jamais embarrassée; il énonce un principe, l'appuie par un exemple toujours clair, simple, jamais compliqué, toujours pris dans les usages de la vie commune, et par là même à la portée de ses moindres lecteurs. Son but n'est pas d'accumuler les espèces ni de les résoudre toutes; mais seulement de bien exposer les règles générales dont l'exacte intelligence suffit à un esprit droit pour la solution des cas particuliers.

VI. Il cite peu d'arrêts; il savait que la doctrine qui en résulte est *grandement mêlée de pour et de contre* (1), et que le plus souvent leur décision tient à des circonstances *particulières* qui repoussent toute application qu'on en voudrait faire à d'autres espèces où ces mêmes accidens de fait ne se rencontreraient pas. Quand il lui arrive d'en citer quelqu'un, c'est rarement sur la simple relation d'un arrêtiste, mais presque toujours après avoir conféré avec l'un des magistrats qui avaient concouru à le rendre; et il se sert alors des lumières puisées dans ces conversations, pour combattre les inductions que d'autres auteurs avaient tirées de l'arrêt qu'il discute, et pour montrer qu'ils en ont mal pris le sens et qu'ils ont ignoré les vrais motifs de décision.

---

(1) Delaville, Préface de ses Arrêts.

On voit combien en cela Pothier diffère des auteurs modernes qui ont écrit depuis la promulgation des nouveaux Codes. Après avoir déduit les principes généraux, ils parcourent en détail toutes les espèces jugées par les divers arrêts, adoptant presque toujours avec complaisance toutes les décisions qu'ils y trouvent, au risque d'être démentis six mois plus tard par d'autres arrêts qui auront cassé les premiers ou jugé en sens inverse.

Avec cette méthode on écrit de plus gros livres, on les fait plus vite, on les vend plus cher; mais, comme on a professé une doctrine moins pure, elle est aussi moins durable. Quand on a pour soi Pothier, on peut regarder son procès comme gagné, parce que ses décisions n'ont pour base que des principes qui sont invariables. Mais quand on cite nos auteurs modernes, comme ils ne sont le plus souvent appuyés que sur des arrêts, on dispute sur leurs décisions comme on discute sur les arrêts mêmes; ils changent avec la jurisprudence, et ne jouissent pas de cette autorité immuable qui ne s'attache qu'à la doctrine (1).

(1) Je puis citer, à l'appui de ce que je viens de dire, ce qui est arrivé dernièrement à la Cour royale de Paris. L'appelant avait cité un auteur moderne que je ne nommerai pas, mais que l'on reconnaîtra peut-être, si je dis que c'est celui qui a le plus déféré au préjugé des arrêts. Dans la première édition de son ouvrage, il avait embrassé une opinion fondée sur un arrèt de Cour royale. Mais en donnant une seconde édition, le noble auteur avait changé d'avis, parce que l'arrêt cité dans la première avait été cassé. Voilà donc une opinion qui semble arrêtée. — Mais l'avocat de l'intimé, en faisant ressortir cette variation d'un auteur qui ne décide rien d'après ses propres principes, cita, par anticipation, la troisième édition de l'ouvrage, prédisant que l'auteur reviendrait certainement à sa première opinion, parce qu'un troisième arrêt venait de juger comme le premier. On rit, et la citation du pauvre auteur demeura sans effet.

VII. Occupé du fond même de ses ouvrages, Pothier a presque toujours négligé les accessoires. C'est à cela qu'il faut attribuer la défectuosité des *tables des matières* jointes à ses traités; il n'y faut rien chercher, tant elles sont superficielles et insignifiantes. Mais en revanche ses idées sont disposées dans un ordre si naturel, qu'en consultant la *table des chapitres*, un esprit méthodique est sûr d'atteindre sans peine l'objet de ses recherches.

VIII. Tous les traités de Pothier ne doivent pas être placés sur la même ligne. Ceux qu'il a donnés de son vivant, après y avoir mis la dernière main, sont parfaits; mais ceux qu'on a publiés après sa mort laissent beaucoup à désirer. La plupart de ces traités posthumes ne sont que des ébauches; et toutefois ces simples croquis sont tracés d'une main si sûre, que si l'on n'y trouve pas tous les développemens que le sujet comporte et que l'auteur leur aurait certainement donnés, du moins on n'y rencontre point d'erreurs; le coloris manque, mais le dessin est pur et correct. — Parmi les œuvres posthumes de Pothier qui n'ont jamais été imprimées et dont on doit déplorer la perte, je place au premier rang ses Opuscules latins, tels que l'*Epitome de Grotius* et le *Synopsis* du traité de Dumoulin sur les obligations divisibles et indivisibles. De quel avantage ne serait-il pas pour la science de posséder de tels abrégés où, sans rien perdre de leur substance, de longs ouvrages avaient seulement perdu de leur étendue, et où des doctrines souvent obscures étaient traduites en termes parfaitement éclaircis!

IX. Le style de Pothier a ses défauts; il a son mérite aussi. En général il paraît diffus; mais qu'on essaie d'en retrancher quelque chose, et l'on verra que c'est aux dépens de la clarté. Il est négligé et n'a rien d'élégant; mais partout l'auteur emploie le mot propre, et je ne connais guère d'endroits où l'on pût le changer avec avantage. C'est un témoignage que lui rend M. Letrosne. « Il m'a fait plus d'une fois, dit-il, l'honneur de m'engager à revoir ses manuscrits pour y corriger des négligences ou des longueurs. Je l'ai fait toutes les fois qu'il m'en a chargé, ou plutôt je me suis mis en devoir de le faire. Mes remarques étaient peu fréquentes et peu importantes, malgré la liberté qu'il me donnait, je dirai même malgré l'envie de lui plaire par un travail qu'il exigeait. Je sentais que si j'avais composé l'ouvrage, j'aurais écrit autrement en général, parce que chacun a sa manière d'écrire; mais lorsque je voulais serrer le style ou présenter autrement les questions, je sentais qu'il aurait fallu tout remanier, et en même temps que *son style était celui de la chose*, et qu'on n'aurait guère pu le changer qu'au préjudice de la clarté. Plusieurs personnes auxquelles il a donné la même commission ont éprouvé la même chose. »

X. Pothier, tel qu'il est, est l'auteur qu'on cite le plus fréquemment, et avec le plus de confiance dans les tribunaux; il n'a pu faire oublier Domat, mais Domat ne peut suppléer Pothier. D'Aguesseau l'a parfaitement senti lorsqu'il a dit que quiconque posséderait bien Domat *ne serait pas le plus profond jurisconsulte;* en dirait-on autant de celui qui posséderait à fond les *Pandectes* et les *Traités* de Pothier? Ces traités ont été réimprimés plusieurs fois (1) depuis l'é-

(1) Dans la *Biographie universelle,* on lit que Pothier porta si loin sa scrupuleuse sollicitude pour ses libraires et pour ses lecteurs, qu'il évita de charger d'augmentations et de corrections les nouvelles éditions que, même de son vivant, le rapide débit de ses produc-

poque de sa mort jusqu'en 1789. Les changemens survenus dans la législation n'ont pu diminuer l'estime dont il jouissait; et depuis la promulgation du nouveau Code civil, il a plus que jamais mérité d'être consulté comme son premier interprète. Cette circonstance est assez importante pour mériter qu'on s'y arrête un instant.

---

tions rendait nécessaires. Il l'avait fait, en 1764, pour la seconde édition de son Traité des obligations; mais il se le reprocha en quelque sorte: depuis il ne se le permit plus; et pour que cette délicatesse ne nuisît pas à la science, il eut le soin de ne jamais livrer un traité à l'impression, sans l'avoir long-temps médité, et sans lui avoir donné toute la perfection dont il le croyait susceptible. — Un autre biographe a aussi remarqué que Pothier « n'a jamais tiré de ses ouvrages aucun profit, si ce n'est l'espérance que ses libraires, comme il le leur recommandait, les vendraient *moins cher*. » De Bièvre, p. 125.

§ V.

Pothier Législateur (1).

A la mort de Pothier, sa réputation était portée si haut, qu'il ne semblait pas qu'elle pût s'accroître.

Mais il avait travaillé pour la postérité; d'autres honneurs lui étaient encore réservés.

Il est un petit nombre d'auteurs privilégiés qui ont tellement imprimé à leurs ouvrages le sceau de la raison, qu'ils ont été révérés comme des législateurs, et leurs écrits acceptés comme des lois. Tel fut le livre des *Libertés de l'Eglise gallicane*, publié en 1594, par Pierre Pithou (2). « Quoique ces maximes,

---

(1) M. de Bièvre a eu cette idée, que l'on devait confier à Pothier *la rédaction d'un Code civil des Français*.

(2) In-8° de 27 pages, édit. de 1594.—Les

dit le chancelier d'Aguesseau, ne soient que l'ouvrage d'un simple particulier, cet ouvrage est si estimé et en effet si estimable, qu'on l'a regardé comme le *palladium* de la France, et qu'il y a obtenu une sorte d'autorité plus flatteuse pour son auteur que celle des lois même, puisqu'elle n'est fondée que sur le mérite et la perfection de son ouvrage. »

Les ouvrages de Pothier n'ont pas été reçus comme lois; mais ils ont obtenu un honneur semblable : car plus des trois quarts du Code civil ont été *littéralement extraits de ses Traités*. En effet, les rédacteurs de ce Code, persuadés qu'ils ne pourraient jamais imaginer un ordre plus parfait que celui que Pothier avait adopté pour ses divers

---

articles des *Libertés* ont été réimprimés dans les Opuscules de P. Pithou, in-4°. — J'en ai donné une nouvelle édition, avec un commentaire, en 1824. vol. in-12, réimprimé in-18 en 1826.

traités, et que nulle part ailleurs ils ne trouveraient ni des principes plus sûrs ni des décisions plus équitables, ont eu l'extrême bon sens de se borner à analyser ses ouvrages.

On peut s'en convaincre d'abord en examinant le titre des *obligations conventionnelles en général*, qui n'est autre chose qu'une analyse continue du *Traité des obligations*. Non-seulement les divisions sont en tout point les mêmes; la doctrine semblable, à l'exception de quatre ou cinq articles qui ont introduit un droit nouveau; mais l'on y retrouve jusqu'aux termes mêmes employés par Pothier.

Il en faut dire autant du titre *du contrat de mariage et des droits respectifs des époux*, qui n'est que l'abrégé *du traité de la communauté*, auquel on a seulement ajouté quelques dispositions sur le *régime dotal* qu'il n'entrait pas dans le plan de Pothier de traiter, parce que de son temps, comme encore aujourd'hui, ce régime n'intéressait guère que les pays de droit écrit.

Les divers contrats sont rangés, dans le Code civil, dans l'ordre où Pothier les a successivement publiés, et tous les articles qui les concernent offrent la même ressemblance pour le fond des dispositions et pour les divisions, avec les traités correspondans de notre auteur.

On rencontre la même conformité dans les titres de l'*usufruit* et de l'*habitation*, de la *possession*, de la *propriété* et de la *prescription*.

Je me borne à signaler ces analogies : elles confirment mon assertion, que la plus grande partie du Code civil a été empruntée à Pothier.

Loin d'en faire un reproche aux habiles rédacteurs de ce Code, il faut les en louer. En effet, c'est au législateur qu'il appartient surtout d'être plagiaire;

et si l'office des grands jurisconsultes est de préparer, en les sollicitant, des améliorations dans la législation, le devoir du législateur est, non pas d'imaginer des choses nouvelles qui n'auraient pas pour elles le sceau de l'expérience, mais d'emprunter au passé toutes les règles qui ont obtenu l'assentiment général, et auxquelles la jurisprudence a quelquefois déféré long-temps avant qu'il fût question de les convertir en lois.

Aussi bien, il s'agissait moins de faire un *Code nouveau*, que de faire un *Code général*, et de ramener la législation française à l'*uniformité* que les plus grands hommes avaient désirée; de faire cesser la bigarrure introduite par les diverses Coutumes, et la jurisprudence disparate des différentes cours. Il était donc naturel d'aller chercher *le droit commun de la France* dans l'auteur le plus moderne et le plus généralement estimé.

Mais le tort qu'ont eu envers Pothier

les rédacteurs du Code civil, est de ne lui avoir pas rendu, dans leur *discours préliminaire*, le tribut d'éloge qu'il méritait; de n'avoir point confessé aux yeux de la France les obligations qu'ils avaient à ses ouvrages, et d'avoir agi envers lui comme des écrivains privés qui craignent, en citant, de mettre sur la voie de leurs plagiats, et non comme des législateurs, dont la gloire est de donner de bonnes lois, n'importe à qui ils les aient empruntées.

Quoi qu'il en soit, les contemporains savent et la postérité n'oubliera pas que *le Code civil*, dans ce qu'il a de meilleur, *a été fait avec les OEuvres de Pothier*, comme jadis le Digeste a été composé avec les extraits des Papinien, des Paul et des Ulpien.

Ces mêmes œuvres deviennent donc l'interprète le plus sûr de nos nouvelles lois : et l'on aurait un excellent commentaire sur le Code civil, si, sous chaçun de ses articles, on rapportait les passages correspondans de Pothier. Partout où les rédacteurs du Code ont pris deux ou trois lignes, on trouverait une ou deux pages qui offriraient les explications les plus naturelles, puisque c'est l'auteur lui-même qui développerait sa propre pensée.

§ VI.

Du caractère et des mœurs privées de Pothier.

On conçoit à peine comment Pothier a pu suffire à la composition de tous ses ouvrages.

Les oisifs surtout ne comprennent pas tout ce que peut exécuter un homme laborieux. Ils demandent ingénuement à tel auteur dont la fécondité les étonne, *Comment faites-vous donc?* Le jurisconsulte pourrait leur répondre simplement: *Je travaille;* et s'ils ne saisissaient pas de suite, il ajouterait : *Je me lève matin, je vais peu dans le monde, et mes livres sont mes meilleurs amis.*

Tel était Pothier. Sa grande facilité et une économie rigoureuse de son temps lui donnaient le moyen de suffire à tout.

Le lecteur sera bien aise de connaître son genre de vie (1).

Il se levait avant cinq heures, allait à la messe qui se disait à la cathédrale pendant matines dont il entendait même une partie; déjeunait à six heures; se mettait ensuite au travail, soit jusqu'au dîner, soit jusqu'à l'heure de l'audience; dînait à midi; donnait sa leçon à une heure et demie, et rentrait dans son cabinet jusqu'au soir. S'il avait quelque visite à rendre, il choisissait ordinairement le

---

(1) J'ai emprunté ces détails de mœurs aux hommes encore vivans, et aux écrivains, tels que M. Letrosne, qui ont vécu dans l'intimité de Pothier.

dimanche avant vêpres, ou le jeudi. Il soupait régulièrement à sept heures, ne travaillait jamais après souper; il se couchait à neuf heures, et dormait sur-le-champ. Il aimait beaucoup le café, mais il n'en prenait plus; il avait remarqué qu'il l'avait plusieurs fois empêché de dormir jusqu'à dix heures; et par un calcul simple, il disait qu'une heure de sommeil valait mieux qu'une tasse de café.

Ce qu'on ne peut trop admirer, parce que rien n'est si rare, c'est la sagesse et la modération qu'il mettait dans le travail de la composition. Ce travail, sans doute le plus agréable et le plus flatteur, obtient aisément la préférence. Un savant supporte avec impatience les occupations qui l'en détournent, et s'y soustrait le plus qu'il peut. Mais Pothier avait pour principe de *concilier tous ses devoirs*. Avare de son temps pour les distractions volontaires, il ne l'était plus lorsqu'il s'agissait d'être utile, et il ne montrait pas plus d'affection pour une occupation que pour une autre. Personne n'était plus assidu que lui au palais, et jamais il ne manquait à ses leçons. Était-il rentré dans son cabinet, il examinait les procès mis à son rapport; recevait des visites souvent peu nécessaires avec une patience bien rare dans un homme si occupé; il donnait des conseils, et répondait aux lettres qui se multipliaient à mesure que sa réputation s'étendait. Combien de procès n'a-t-il pas empêchés par de sages conseils? Combien n'a-t-il pas arrangé de familles et terminé de contestations? La confiance publique lui avait érigé un tribunal volontaire (1).

La journée, à laquelle il donnait cependant assez d'étendue, comme on l'a pu voir par la distribution de son temps, se trouvait souvent remplie sans qu'il eût pu rien accorder à la composition.

---

(1) Voyez ci-dessus, § 2, p. 57.

Il poussait la délicatesse jusqu'à ne se faire jamais céler chez lui; et lorsqu'il était absolument pressé de travail et forcé de se soustraire aux distractions, il allait travailler chez un ami voisin.

Il avait le talent de quitter le travail et de le reprendre avec une admirable facilité. Il en sortait toujours sans fatigue, parce que, sage en tout point, et jusque dans l'étude, jamais il n'en fit excès; jamais il ne le prolongea pendant la nuit. Son souper à sept heures était toujours le terme de sa journée. Il n'en dérangeait l'heure que le mercredi, où il le différait jusqu'à huit heures, parce qu'il tenait ce jour-là une *conférence* à laquelle assistaient tous les jeunes magistrats et plusieurs avocats qui se faisaient gloire d'avoir été et d'être toujours ses élèves. Ces conférences existaient sans interruption depuis plus de quarante ans. Elles s'étaient d'abord tenues chez Prévôt de la Janès; à sa mort, elles furent transportées de droit chez Pothier.

« Qu'il me soit permis de m'interrompre, en citant ici le président Hénaut (1), pour dire un mot en général des conférences, à l'occasion de celles dont je viens de parler. Que d'avantages elles procurent! et combien j'invite les jurisconsultes à ne point les négliger! C'est là que s'entretient le goût des *bonnes lettres*, et le désir de savoir; c'est là que l'esprit se remplit et s'éclaire par des richesses mutuelles et par les discussions. Et que l'on ne croie pas qu'elles ne soient faites que pour la jeu-

---

(1) Joignez à cela le discours de M. Bonnet, *sur l'utilité des conférences*, inséré dans mon édition des *Lettres sur la profession d'avocat*, tom I, p. 174. — C'est dans de pareilles conférences que furent délibérés les *Arrêtés de Lamoignon*, dont Auzanet ne fut que le rédacteur.

nesse ; plus on est instruit, et plus elles sont utiles. Voyez les hommes illustres du siècle passé, ces lumières du tribunal et du barreau, les Talon, les de Thou, les Séguier, les Molé, les Bignon, les Harlai, les Lamoignon, etc. Les Conférences étaient le délassement et la réparation de leurs travaux ; ils y venaient reprendre de nouvelles forces, et c'était un profit égal pour les mœurs et pour la science. »

A voir Pothier dans sa jeunesse on n'aurait pas cru qu'il pût fournir une longue carrière, ni suffire à tant de travaux : il avait apporté en naissant un tempérament faible ; mais il sut le fortifier par la tempérance et la sobriété.

Sa figure n'avait rien qui prévînt en sa faveur. Sa taille était haute, mais mal prise et sans maintient. Marchait-il, son corps était tout penché d'un côté, son allure singulière et tout d'une pièce. Était-il assis, ses jambes si longues l'embarrassaient; *il les entrelaçait par des contours redoublés* (1).

C'est à ce vice d'organisation qu'il faut attribuer sa méthode de joncher de livres le parquet de son cabinet, et de se mettre à genoux ou même de se coucher à plat-ventre pour se livrer aux recherches et aux rapprochemens qu'exigeait son travail sur les Pandectes (2).

A la suite d'une maladie qu'il fit pendant qu'on imprimait le premier volume de ses Pandectes, il demeura perclus des jambes, et prit aisément son parti sur cette privation, qui se prolongea assez long-temps pour lui faire craindre qu'elle ne durât toujours. Il s'estimait heureux que Dieu lui eût conservé la liberté de l'application et du

---

(1) Letrosne.

(2) Cujas, quoique mieux constitué que Pothier, travaillait aussi de cette manière. C'était réellement *labori incumbere*.

travail. Il donna à l'étude d'autant plus de temps, que la vie sédentaire lui en laissait plus de libre, et il n'espérait plus recouvrer l'usage de ses jambes, après avoir tenté inutilement plusieurs remèdes, lorsque enfin on se douta que la faculté de marcher pouvait être empêchée moins par un obstacle réel et invincible, que par le défaut trop long d'exercice. On lui conseilla d'essayer à marcher, par le moyen de deux poulies qui roulaient dans des coulisses attachées au plancher de sa chambre, le tenaient suspendu sous les bras et lui permettaient de remuer les jambes sans leur laisser porter le poids du corps. Il se soumit à cet essai qui lui dénoua les jambes; peu à peu il en recouvra l'usage; il ne lui resta que de la raideur.

Marchant aussi mal, il lui était bien permis d'aller à cheval. Il aimait cet exercice, et ses biographes s'accordent à dire qu'il y montait passablement; mais il y avait mauvaise grâce.

En général, dit un de ses contemporains, toutes ses actions avaient un air peu commun de maladresse. A table, il fallait presque lui couper les morceaux. Voulait-il attiser son feu, il commençait par se mettre à genoux, et n'y réussissait pas mieux. La simplicité de ses manières et de tout son extérieur pouvait prévenir sur la simplicité de son caractère, mais n'annonçait pas la supériorité de son esprit. Il fallait, ou le juger sur sa réputation, ou l'approfondir assez pour être en état de l'apprécier : une visite passagère ne pouvait que nuire à l'idée qu'on avait apportée. Ses yeux cependant avaient du feu et de la vivacité : ils indiquaient la pénétration de son esprit et sa facilité; mais ils ne s'animaient que quand la conversation l'intéressait.

Il était le premier à plaisanter sur sa

figure et sur sa maladresse. Il racontait en riant qu'en passant en robe à Paris devant un café, des jeunes gens (1) en sortirent pour le montrer au doigt.

On n'en a pas moins conservé les traits de Pothier : s'il avait mauvaise tournure dans l'ensemble de sa personne, ses traits expriment une bonté, et son œil une finesse peu communes. On en est redevable à M. Letrosne : « Je me félicite, dit-il, de posséder le portrait de M. Pothier; je me rappellerai toujours avec la plus vive satisfaction la peine que j'ai eue à obtenir cette faveur, et la violence que son amitié pour moi a faite à sa modestie. »

---

(1) De ceux dont parle la loi 28, § III, ff. *de pœnis : solent quidam qui vulgo se juvenes appellant, in quibusdam civitatibus turbulentis, se acclamationibus popularium accomodare;* et qui auraient mérité en cette occasion la correction dont les menace la même loi.

Lorsque Pothier vint à Paris, sur l'invitation de M. d'Aguesseau, qui voulait le connaître et conférer avec lui sur le travail qu'il l'engageait à exécuter, il se présenta à l'Hôtel de la Chancellerie. On lui dit que M. d'Aguesseau n'était pas visible. Il s'en alla, et voulait repartir le lendemain. Si ses amis ne l'eussent retenu, il aurait renouvelé le trait de La Fontaine, qui partit de Paris pour aller voir sa femme à la Ferté-Milon, et revint sans l'avoir vue, parce qu'au moment de son arrivée elle était au salut. On pourrait peut-être comparer le caractère de ces deux hommes en plus d'un point (1). Il retourna donc voir

---

(1) Un avocat distingué (M. Hennequin) a fait un autre rapprochement. Il a dit, dans un article de la Thémis, que « Pothier avait écrit sur la jurisprudence, comme Rollin sur l'histoire. » Rien de plus vrai. Même clarté, même bonne foi, même abandon, même respect de

M. le Chancelier, qui, averti qu'il était dans son anti-chambre, alla au-devant

---

soi-même et du lecteur. Cette idée méritait d'être développée par un autre de nos confrères, aussi estimable par son caractère que par son talent, par M. Berville, auteur de l'Éloge de Rollin, qui a remporté le prix à l'Académie. « En parlant de Pothier, dit-il, nous nous sommes trouvés conduits naturellement à parler de Rollin : il serait difficile en effet de n'être pas frappé des rapports d'esprit et de caractère, et, pour ainsi dire, de l'air de famille qui règne entre ces deux hommes de bien : c'est la même candeur de sentiment, la même simplicité de mœurs, la même pureté de cœur, la même douceur, la même piété, la même modestie. Tous deux appliqués à l'étude, tous deux amis de la jeunesse, tous deux zélés pour leurs devoirs, ils semblent encore se rapprocher par la conformité de leurs opinions religieuses et par celle de leur carrière, voués également, en grande partie, aux nobles fonctions de l'enseignement public. Un dernier trait achèvera leur parallèle : tous deux, sans

de lui, et le reçut avec une distinction qui étonna beaucoup toute l'audience : elle avait jugé Pothier sur l'apparence. La Fontaine a donc eu raison de dire :

> Garde-toi, tant que tu vivras,
> De juger des gens sur la mine.

Pothier avait acquis, en 1730, une petite ferme à Lû en Beauce, à une lieue de Châteaudun. Il y avait un petit loge-

---

avoir inventé, ont pris place à côté des esprits inventeurs, par l'art peu commun de faire un choix judicieux dans les idées d'autrui, et d'en composer un corps de saines doctrines. Leur style même se ressent du rapport de leurs esprits et de leurs caractères. Plus orné, plus littéraire chez Rollin, dont la vie s'était écoulée dans le commerce des écrivains de l'antiquité, il se distingue également chez l'un et l'autre par un ton de simplicité naïve, de droiture et d'honnêteté qui commande la confiance : chez l'un et l'autre, on reconnaît le langage de la sagesse unie à la vertu. »

ment par bas, aussi simple et aussi modeste que sa personne, et meublé de même. C'était vraiment la maison du sage : le jardin était fort petit, et aussi antique que tout le reste, et le terrain en était très mauvais. Un petit parterre couvert de vieux et grands ifs qu'il trouvait admirables en faisait l'ornement, et quelques allées d'épines tout le couvert. Un de ses amis lui disait un jour que si l'on avait porté la maison à quelque distance, on aurait trouvé de bonnes terres, et qu'on aurait pu y faire d'autres plantations et s'y procurer un ombrage plus agréable. Pothier lui répondit : « On a vraiment bien fait de la mettre ici : les autres terres donnent du blé, et le terrain est assez bon ici pour se promener. »

Il était cependant sensible aux agrémens d'une belle campagne et d'une belle vue. M. Letrosne raconte qu'il allait quelquefois le prendre le jeudi à Orléans, pour le forcer de sortir de son cabinet et de profiter d'un beau jour. « Nous fûmes entre autres, dit-il, nous promener dans une maison d'Olivet : il était debout, immobile, et comme en extase de la beauté de la vue ; il n'en sortit que pour me dire : *Non habemus hic manentem civitatem.* »

Du reste il perdait rarement de vue son objet; ses promenades mêmes étaient des conférences. Il s'associait le plus souvent un ami avec lequel il avait appris l'italien, et, pour n'en pas perdre l'habitude, ils agitaient dans cette langue les questions qui se présentaient.

Un des plus forts élèves de Pothier, mon vénérable ami M. de La Croix-Frainville, m'a souvent raconté qu'outre les conférences habituelles que Pothier tenait dans sa maison tous les mercredis, il invitait quelquefois deux ou trois élèves de prédilection, et leur disait : « Venez dîner avec moi tel jour ; nous nous amuserons bien, nous discuterons de belles questions de Droit (1). »

Dans un voyage que Pothier fit au Havre, en 1748, pour aller voir la mer, il emmena avec lui M. Letrosne qui faisait alors sa première année de Droit. « Ce voyage, dit M. Letrosne, ne fut pas pour moi une interruption d'études. J'avais les Institutes, et j'en trouvais le meilleur commentaire possible dans la conversation de M. Pothier qui me les expliquait. Nous parlions latin pendant presque

---

(1) Le même M. de La Croix-Frainville a long-temps conservé, mais n'a pu retrouver, une lettre de Pothier, en réponse à celle qu'il lui avait écrite pour lui demander s'il croyait qu'il fût indispensable à un jeune homme d'entrer chez le procureur pour y apprendre la procédure. Pothier, après avoir discuté la question à sa manière, sous tous les rapports, et *in utroque foro* selon son usage, se prononce pour la négative. Il préfère la théorie à ce genre de pratique.

toute la route. Les gens qui étaient dans le carrosse (la diligence) nous prenaient pour d'étranges personnes. »

Dans ce même voyage au Havre, on lui demanda s'il voulait manger du poisson; il répondit qu'il n'était pas si dupe que de faire maigre le dimanche, et il laissa son compagnon de voyage se régaler de marée.

Pendant les vacances, que Pothier passait à sa terre de Lû près Châteaudun, il allait quelquefois visiter ses voisins; mais jamais il ne découchait. « Cependant, dit M. Letrosne, je l'y forçai un jour. Il était venu dîner chez moi. Il survint une grande pluie; je ne voulus pas absolument le laisser partir. J'entrevis qu'une des causes de son refus était la crainte de causer de l'inquiétude à Thérèse (1). Cet obstacle fut levé. César, son domestique, qui suivait toujours à pied son

(1) C'était sa gouvernante.

maître à cheval, retourna à Lû, et fit trouver bon à Thérèse que son maître eût consenti à n'être pas inondé pour retourner chez lui le même jour. J'eus grand soin de ne rien déranger à son régime. Mon hôte était endormi à neuf heures et quart. Nous voulûmes voir s'il se rappelait le piquet : il y avait joué autrefois tous les jours avec son oncle le chanoine, mort en 1729, et le jeu l'ennuyait si fort (1), qu'il se laissait perdre pour s'aller coucher : il n'y avait pas joué depuis ; il se souvint parfaitement des règles, et ne fut maladroit qu'à manier les cartes. »

De tous les arts, il n'aima jamais que la musique, mais par sentiment et sans en avoir la moindre notion; il n'y cherchait que ce qui pouvait élever à Dieu :

---

(1) L'auteur du *Traité du jeu* ne devait guère s'y plaire. *Voyez* ci-dessus la note, pag. 165.

il ne l'aimait que lorsqu'elle chantait ses louanges, et qu'elle exprimait bien le sens des paroles. Il y était alors très sensible, et ne pouvait s'empêcher de laisser paraître par le mouvement de son visage, et même par des gestes, l'impression qu'il éprouvait.

Si ses occupations le lui eussent permis, il aurait assisté à tout l'office de la cathédrale, tant il trouvait de plaisir et de goût au chant des psaumes : il faisait passer dans son âme toute la chaleur dont ces divins cantiques sont remplis. Il les chantait avec transport, ou plutôt il les déclamait à sa manière, car il avait la voix la plus fausse qui se puisse entendre.

Pothier n'était pas de ces hommes orgueilleux qui aiment à faire plier sous le poids de l'autorité qu'ils ont acquise ceux qui sont dans la nécessité d'y avoir recours. Avec des apparences peu gracieuses il était accessible, et n'avait rien de cette espèce de rudesse que la retraite et l'application donnent quelquefois aux savans sans qu'ils s'en aperçoivent.

Loin de là, on n'aurait pu lui reprocher qu'un excès de modestie qui le rendait timide et embarrassé lorsqu'il se trouvait avec des gens qu'il ne connaissait pas, ou qu'il était forcé par des devoirs de bienséance de se montrer dans un cercle. Il s'y trouvait déplacé, et tellement isolé, qu'il priait ordinairement quelqu'un de ses amis de l'y accompagner, et voulait bien regarder cette complaisance comme un service qu'on lui rendait.

Mais, avec ses amis, il était gai et ouvert. Conversait-il avec eux, il retrouvait dans sa mémoire les plus beaux endroits d'Horace, et *surtout de Juvénal*, dont il aimait principalement la force et l'énergie, et il les récitait avec un feu qui lui était propre.—Laissons ses amis eux-mêmes raconter comment il en usait avec eux : « Dans ses relations intimes, dit M. Letrosne, il mettait une franchise qui manifestait toutes ses pensées ; jouissant d'une paix intérieure que rien n'altérait, et d'une sérénité qui n'était obscurcie par aucun nuage, on trouvait en lui cette simplicité qu'on aime à rencontrer dans les grands hommes, parce qu'elle semble tempérer ce que leur mérite a d'imposant....

» Jamais il ne s'est personnellement offensé de la contradiction, et il avait peine à concevoir qu'on trouvât mauvais qu'un autre ne fût pas de notre avis. Mais il tenait fortement à son sentiment, non par attachement à son propre sens, mais parce qu'il le croyait vrai, et que ses lumières ne lui permettaient pas de rester indécis. Il le défendait avec fermeté : il usait de la liberté de contredire, comme il trouvait bon qu'on le fît à son égard ; il en usait avec les vivans comme avec les auteurs dont il discutait les sentimens, sans autre intérêt que celui de la vérité. L'autorité par elle-même ne lui en imposait pas, parce qu'elle n'était pas une raison : elle devenait seulement pour lui un nouveau motif de discuter avec plus de soin, et de donner à ses raisons une force et une clarté capables de surmonter le poids de l'autorité.

» Il y avait par conséquent beaucoup à gagner à lui faire des objections et à disputer avec lui. L'attaque le tirait de sa tranquillité ordinaire; elle le forçait de reprendre la question, pour la traiter dans tous les sens, en balancer les moyens, et établir son sentiment avec une abondance et une énergie qui lui étaient propres.

» Mais lorsqu'il mettait véritablement de l'intérêt dans une affaire ou dans une opinion (et quel autre intérêt pouvait l'affecter que celui de la vérité, de la justice ou du bien public?) la douceur de son caractère et sa modestie ne l'empêchaient pas de défendre son avis avec beaucoup de nerf et de vivacité....

» Autant il aurait mis dans ces occasions de chaleur et de zèle, autant il mettait d'indifférence lorsqu'il s'agissait de délibérer sur des affaires de Corps, soit de cérémonial, soit de prétentions ou d'intérêts de Compagnie.

» Cette manière de sentir et de juger tenait à son caractère, naturellement ennemi de toute contention sur les questions qui ne lui paraissaient pas mériter d'en être l'objet. Il supposait presque tous les hommes aussi simples que lui, aussi pleins de cette raison supérieure qui s'élève au-dessus des dehors, aussi indifférens sur ce qui ne touche que la manière et n'appartient pas au fond des choses. »

Car la modestie de Pothier était parfaite. Non-seulement il ne chercha jamais à s'arroger la supériorité sur qui que ce soit, mais il semblait s'ignorer lui-même. « C'était *à son insu*, dit un de ses plus intimes amis, que sa réputation s'étendait, et l'on était mal reçu à l'en faire apercevoir. Les louanges lui étaient aussi insupportables que le sont les injures au reste des hommes : il était aisé de voir par son embarras et l'air de son visage qu'elles le choquaient sérieusement et l'offensaient. »

Cette modestie n'était point un calcul ; elle naissait d'une humilité sincère, par laquelle il se mettait réellement au-dessous des autres, et qui l'empêchait de soupçonner en lui-même le mérite que tout le monde y voyait ; bien différent en cela du fameux Dumoulin, auquel il ressemblait d'ailleurs par l'étendue de ses connaissances, et qui, enthousiasmé des siennes, écrivait orgueilleusement en tête de ses consultations, *Ego qui nemini cedo, et à nemine doceri possum!* Il ne savait pas tout, puisqu'il ignorait jusqu'aux dehors de la modestie.

Pothier resta célibataire pour éviter tout embarras. C'était le parti le plus sage pour un homme tel que nous l'avons dépeint, avare de son temps, uniquement dévoué à l'étude et singulièrement ami de son repos.

Il ne voulait pas se distraire de ses travaux, même pour le soin de ses affaires personnelles. Il y apportait la plus complète indifférence; on en jugera par le fait suivant :

Il avait remis 1,500 liv. à un notaire pour les placer à constitution de rente. Le notaire trouva un emploi qu'il approuva, il lui fit signer le contrat. Six mois après il lui porta *sa grosse*; mais Pothier n'avait plus aucune idée de cette négociation : il soutint que ce n'était pas lui qui avait fait ce prêt, et qu'il n'en avait pas fourni le montant. Le notaire fut obligé de lui montrer sa signature sur la minute. — Il ne savait guère ce qui lui était dû, et n'en tenait point d'état. Ce même notaire recevait un loyer commun à plusieurs particuliers et dont Pothier avait une partie. Il lui porta un jour six années qu'il avait négligé de demander et qui lui étaient dues. Pothier ne voulait pas les recevoir; il ne pensait pas qu'il lui fût tant dû. Il voulut du moins composer avec le notaire, en recevant la moitié, offrant de lui donner une quittance finale. Le notaire était sûr de sa recette et de son registre : il fallut qu'il se fâchât pour lui faire accepter le total.

Avec cette manière de faire, on conçoit que Pothier n'a pas augmenté son bien; il l'a seulement conservé à peu près tel qu'il l'avait reçu. S'il touchait un remboursement, il replaçait le capital. On lui abattit une maison pour l'alignement d'une rue, il en racheta une autre de même valeur.

S'il avait pu consentir à s'occuper davantage du soin de son patrimoine, ce n'aurait pu être que par un motif d'économie en faveur des pauvres. Il préférait de les en dédommager par la frugalité de sa vie, dans laquelle il trouvait pour eux une épargne qui le mettait en état d'être plus généreux que sa fortune ne semblait le permettre.

Les dames des pauvres étaient toujours assurées de trouver en lui une ressource. Il recevait leur visite avec une reconnaissance mêlée de respect, et il les constituait volontiers dépositaires de ses aumônes, parce que sa main paraissait moins dans la distribution, et qu'il se tenait pour bien assuré d'une sage répartition.

Il est une classe de pauvres que l'on appelle *pauvres honteux*, parce qu'ils craignent de demander au grand jour; Pothier aimait surtout à les secourir, et il le faisait avec tant de délicatesse et de discrétion, qu'on aurait pu lui transporter leur nom, et l'appeler à son tour *le bienfaiteur honteux*.

Il se plaisait à mettre de jeunes enfans en apprentissage; genre admirable de bienfait, qui tend à former des citoyens utiles avec des hommes qui, laissés dans l'ignorance et livrés à l'oisiveté, ne seraient pour la société qu'une surcharge et peut-être un fléau.

Avec ce désir perpétuel qu'il avait de déguiser ses aumônes, il allait souvent les distribuer dans les campagnes et dans les villes écartées.

Enfin on aura une idée de sa bienfaisance lorsqu'on saura qu'elle allait jusqu'à le laisser quelquefois sans argent. Il mérita ainsi cet éloge qui fut gravé sur sa tombe : *Pauperes quorum causâ pauper ipse vixit.*

Ici l'histoire de la gouvernante de Pothier devient une partie intégrante de la biographie de ce grand jurisconsulte.

Cette fille se nommait Thérèse Javoi :

elle était entrée à son service en 1729; elle y était encore en 1772.

La confiance que Pothier avait en elle était entière. Elle gouvernait absolument tout le domestique de son maître, et en grande partie ses affaires : elle était tout-à-la-fois son ministre de l'intérieur, des finances et des relations extérieures.

Il ne lui cachait guère que ses aumônes; et réciproquement elle était obligée de se cacher de lui, pour être en état de le nourrir. Elle n'avait pas besoin pour cela de prendre beaucoup de précautions; jamais il ne savait le compte de son argent; il lui donnait sa clef lorsqu'elle en demandait. De son côté, tant qu'il en trouvait dans sa caisse, il y prenait pour donner, et il se serait épuisé totalement et privé du nécessaire, dans les temps de calamité surtout, si la prévoyante Javoi n'eût eu la précaution de tenir quelque argent en réserve pour les besoins journaliers. Elle avait encore un autre moyen pour arrêter l'excès de libéralité de son maître; elle le menaçait de prendre à crédit les provisions de son ménage, ce qu'il ne pouvait souffrir.

Lorsque la caisse était vide, il fallait aviser à la remplir, et c'était encore le soin de la gouvernante : il fallait qu'elle songeât à quel débiteur on pouvait aller demander de l'argent, et qu'elle fît faire des quittances par l'indolent créancier.

Cette confiance de Pothier était justifiée par l'extrême dévouement que lui portait cette estimable domestique. Elle lui était très attachée, et c'est aux bons soins qu'elle a eus de sa santé que l'on doit les ouvrages que Pothier n'eût jamais eu le temps de composer si elle n'eût contribué à prolonger la carrière de son maître. Elle aurait de grand cœur brûlé tous les livres de Droit, lorsqu'il était incommodé et s'obstinait à travailler. Pendant long-temps, elle prenait tous les ans une fois la peine de remettre en ordre la bibliothèque avec un ami de Pothier. Sur les dernières années, elle avait négligé cette besogne, et le désordre était devenu si grand, qu'on avait peine à rassembler deux volumes.

Un premier ministre a nécessairement du crédit; on obtient souvent en s'adressant à lui ce qu'on essaierait en vain d'obtenir directement du maître. Les amis de Pothier n'ignoraient pas cela. Souvent, lorsqu'ils voulaient le décider à certaines choses, ils avaient grand soin de mettre Thérèse dans leurs intérêts. C'est ainsi que, sans elle, M. Letrosne n'aurait peut-être jamais pu l'amener à laisser faire son portrait. Thérèse finit par le décider; mais avec cette *condition suspensive*, que le portrait ne paraîtrait pas, et serait mis à la campagne jusqu'à sa mort, ce qui a été fidèlement exécuté.

Thérèse n'avait pas eu de peine à prendre cet ascendant sur un homme aussi bon et aussi simple. Elle prétendait que cela était nécessaire et pour le mieux, et qu'il fallait *le gouverner comme un enfant;* ce qui était vrai jusqu'à un certain point. Ainsi, par exemple, il ne s'occupait jamais de sa garde-robe; il ne s'apercevait ni quand un vêtement était vieux ni quand il était neuf. Thérèse lui achetait, sans lui demander son avis, ce dont il avait besoin; les complimens s'adressaient à elle, quand on voyait à son maître un habit neuf, et il l'apprenait par là. Ce sont de bien petits détails dans la vie d'un si grand jurisconsulte; mais ils peignent l'homme : ses contemporains les ont recueillis; la tradition populaire à Orléans les a conservés; je n'ai pas cru devoir les dédaigner.

§ VII.

Mort de Pothier. — Honneurs rendus à sa mémoire.

Malgré la faiblesse de son tempérament, et les immenses travaux qui semblaient devoir abréger le cours de sa vie, Pothier a fourni une longue carrière (1). Il est mort le 2 mars 1772, ayant vécu plus de 73 ans.

Sa mort a causé dans Orléans un deuil général ; les pauvres regrettèrent la main qui les avait si long-temps secourus ; les élèves de l'Université, le maître dont les leçons, les conférences, les encouragemens, les guidaient dans la carrière ; la magistrature pleurait son doyen ; les justiciables savaient qu'on ne leur

---

(1) Plus longue même que celle de la plupart des jurisconsultes qui, avant lui, ont laissé un grand nom. Ainsi, Cujas et Dumoulin, quoique l'un et l'autre fussent doués d'un tempérament vigoureux, sont morts, le premier à soixante-dix ans, le second à soixante-six. Les avocats plaidans, agités par plus de passions, ont eu comparativement une vie moins longue que les jurisconsultes adonnés aux seuls travaux du cabinet.

donnerait jamais un juge plus équitable, plus scrupuleux, plus éclairé : tous semblaient avoir perdu un père, ou du moins un bon et fidèle ami.

Pothier a laissé un testament, mais qui ne renferme aucune disposition remarquable, si ce n'est celle relative à sa bibliothèque. Il a voulu qu'après sa mort ses livres servissent de supplément à ceux qui ne se trouveraient pas dans la bibliothèque publique des Bénédictins.

Il n'a rien prescrit relativement à sa sépulture : ceux qui ont ordonné ses funérailles ont voulu sans doute se conformer à l'esprit de modestie qui était sa principale vertu, en le faisant inhumer dans un des endroits les plus écartés du cimetière commun. Voulant lui payer, au nom de la patrie, le tribut de la reconnaissance publique, ils ont fait poser sur le mur voisin un marbre chargé de l'épitaphe suivante, qui rappelle les principaux traits de son caractère (1) :

Hic jacet
Robertus-Josephus POTHIER,
Vir juris peritiâ, æqui studio,
Scriptis, consilioque,
Animi candore, simplicitate morum,
Vitæ sanctitate,
Præclarus.
Civibus singulis, probis omnibus,
Studiosæ juventuti,
Ac maximè pauperibus,
Quorum gratiâ pauper ipse vixit,
Æternum suî desiderium
Reliquit
Anno reparatæ salutis 1772.
Præfectus et AEdiles
Tam Civitatis nomine, quàm suo,
Posuere.

M. Letrosne se plaint, avec l'accent de la douleur, de ce que Pothier n'a pas reçu de plus grands honneurs pendant sa vie et après sa mort.

« S'il fût né en Allemagne, dit-il, les

(1) Cette épitaphe a été composée par *Jacques Ducoudray*, alors maire d'Orléans.

princes auraient disputé entre eux pour l'attirer et se l'attacher, et ceux qui n'auraient pu le fixer chez eux se seraient fait gloire de le décorer par des titres d'honneur et d'illustration. Il a vécu parmi nous comme l'homme le plus ordinaire, sans recevoir la moindre distinction. Il était bien éloigné de croire en mériter, ni d'en désirer. Mais ne peut-on pas être surpris qu'on n'ait jamais songé à acquitter la patrie envers lui par quelque *décoration, plus honorable pour ceux qui la procurent au mérite modeste, qu'à celui qui la reçoit?* »

Un peu plus loin, il revient encore sur le même sujet. Un étranger (1), pénétré de respect pour ce grand jurisconsulte, voulut le visiter en passant par Orléans, et pouvoir se vanter à son retour de l'avoir vu. Il ne put satisfaire cette

---

(1) « Un professeur de l'Université de Salamanque. » *Biogr. univers.*

louable curiosité, parce qu'il passa pendant les vacances. Il se fit ouvrir la salle de l'Université, et voulut du moins voir la chaire où il enseignait; il la baisa respectueusement. « Mais, reprend M. Letrosne avec indignation, si des étrangers nous demandaient à voir son tombeau, croyons-nous qu'ils fussent satisfaits?... C'était dans une église qu'il fallait l'enterrer.... dans l'église cathédrale, dans l'église commune à tous les citoyens, qu'il convenait de déposer sa cendre !... Il eût été alors facile d'ériger sur sa tombe un monument plus honorable pour la reconnaissance publique, plus digne d'en transmettre le témoignage à la postérité, plus propre à satisfaire les étrangers que la beauté de l'édifice attire dans ce temple auguste. Serait-il donc impossible de le faire aujourd'hui? Quel est le citoyen qui n'applaudirait pas à cette translation? »

Ces vœux touchans d'un ami fidèle,

d'un citoyen généreux, ne furent point alors entendus.

La ville se borna à faire célébrer un service en l'honneur du défunt (1). Depuis, la municipalité a donné le nom *de Pothier* à la rue dans laquelle est située la maison qu'il habitait, et l'on a inscrit sur la maison elle-même : *Maison de Pothier* (2).

Après la confection du Code civil, c'eût été le moment de payer à la mémoire de Pothier un juste tribut de reconnaissance ! Mais le premier consul, d'accord en cela avec l'empereur, n'aimait pas les jurisconsultes : ils apprennent aux citoyens à lutter, *là loi à la main*,

---

(1) Le 19 mars 1772 (de Bièvre).

(2) On n'en lit pas davantage sur la maison du grand Corneille, à Rouen. Elle est occupée par un artisan. Rien de plus déplorable que cette espèce d'indifférence pour la mémoire de nos plus grands hommes !

contre le despotisme, et à défendre leurs droits.

Cette gloire modeste d'un homme dont l'existence entière fut consacrée à d'utiles travaux a été mieux appréciée sous un gouvernement constitutionnel.

En 1823, le vœu de Letrosne a été accompli.

Le corps de Pothier a été exhumé, et transféré dans l'église cathédrale d'Orléans avec la plus grande solennité.

Le *Moniteur*, qu'on aime toujours à laisser parler à cause de sa réputation officielle, en a rendu compte en ces termes, dans le n° du 19 novembre 1823 :

« Les cendres du célèbre jurisconsulte Pothier (Robert-Joseph) viennent d'être transférées de l'ancien grand cimetière de cette ville, depuis long-temps abandonné, en l'église cathédrale Sainte-Croix, par suite de la demande qu'en a faite l'autorité municipale, et que S. M., qui honore toutes les gloires, s'est empressée d'octroyer.

» Vendredi 14, en présence de M. le maire, de MM. les adjoints, des principaux magistrats et de plusieurs médecins, on a procédé à la reconnaissance du lieu où reposait Pothier. Le cercueil étant à découvert, on retrouva le squelette d'un vieillard, *la tête penchée sur l'épaule gauche* (1), les bras et les jambes croisés, les mains longues, les fémurs et tibia grands et forts, conformément

---

(1) Voici ce que j'extrais du procès-verbal d'autopsie : « La tête est évidemment inclinée sur l'épaule gauche. Cette inclinaison, qui existait chez l'individu à l'instant de la mort, n'était sans doute que le résultat de l'habitude pendant sa vie ; car les vertèbres cervicales ne présentent aucun vice de conformation. » — Cette inclinaison a été conservée dans le buste et dans les diverses lithographies du portrait de Pothier.

à la tradition. Cette cérémonie, imposante par elle-même, n'a laissé aucun doute sur l'identité de ces restes précieux, qu'on a déposés dans un cercueil de plomb, *scellé des armes de la ville*.

» Aujourd'hui, *un nombreux clergé* (1), la Cour royale, tous les Tribunaux et le Barreau en robe, MM. les fonctionnaires publics, la garde nationale, la gendarmerie, et un nombreux concours d'ha-

---

(1) Cela dément le bruit répandu que, dans cette auguste cérémonie, une partie du clergé se serait rappelée que Pothier était *janséniste*. C'eût été porter loin la rancune, et justifier une épigramme que je ne veux point rappeler.... Mais le *procès-verbal* de la cérémonie atteste le parfait concours du clergé avec les fonctionnaires publics, la présence de l'évêque, etc., etc. Ainsi le reproche, s'il a été réellement encouru, n'a pu l'être que par quelques individus obscurs et entêtés, dont l'absence n'a rien ôté à la solennité de la translation.

bitans (1), ont assisté à la cérémonie de l'inhumation, qui s'est faite avec toute la pompe convenable. Ce n'est pas sans un vif intérêt qu'on voyait parmi le cortége la famille de l'immortel auteur du *Traité des obligations*, qui occupe encore les premières dignités de la magistrature.

» R.-J. Pothier repose enfin dans une chapelle de la cathédrale. Au-dessus de sa tombe a été placée son ancienne épitaphe, à laquelle on vient d'ajouter l'inscription suivante :

---

(1) Le *procès-verbal* dit que « la translation a eu lieu en présence d'un *concours considérable des habitans les plus notables d'Orléans*, qui, pendant la marche, ont entouré de leur vénération et de leur souvenir les restes de leur vertueux et célèbre concitoyen. » — On ne peut trop louer le zèle qu'a déployé, dans cette circonstance, M. le comte de Rocheplatte, maire de la ville d'Orléans. On a frappé une médaille en l'honneur de Pothier.

« Avec l'autorisation
du Roi,
sur la demande des habitans
d'Orléans,
les restes de R.-J. Pothier,
inhumés au grand cimetière de cette ville
le 4 mars 1772,
ont été exhumés et déposés en ce lieu
le 17 novembre 1823. »

§ VIII.

Ouvrages biographiques sur Pothier.

On a publié sur Pothier plusieurs *Éloges* et *Notices biographiques*.

Les uns ont eu pour auteurs des contemporains, les autres n'ont paru que dans un temps beaucoup plus rapproché de nous.

Les premiers sont au nombre de quatre :

1°. Un discours latin (*de Laudibus Antecessoris doctrinâ et moribus præstantissimi*, ORATIO), prononcé le 20 novembre 1772, par M. Breton de Mont-

Ramier, devant l'Université d'Orléans. — Cette oraison n'offre rien de saillant, ni pour les faits, ni pour les aperçus. On y remarque seulement la proposition faite par l'orateur de placer dans la salle où il prononçait son discours, un marbre sur lequel on eût tracé l'inscription suivante, où se trouve rappelée l'heureuse expression de *Pandectarum restitutor felicissimus* (1) :

HIC DOCUIT
Robertus-Josephus POTHIER, antecessor,
idemque in præsidiali Judicum concessu Consiliarius;
Pandectarum Restitutor felicissimus,
Scolarum et Fori lumen,
Cujacio, Molinæoque non absimilis,
Doctrinâ et moribus præstitit:
illâ viam munivit expeditissimam
ad legum cognitionem:
his effinxit legum sanctimoniam.

2°. Un *Éloge*, prononcé à la rentrée d'après Pâques du bailliage de Romorantin, le 8 mai 1772, par M. Leconte de

---

1) Voyez ci-dessus, page 67, note (2).

Bièvre, procureur du Roi ; on y trouve des vues assez élevées, et un style souvent animé par des sentimens généreux.

3°. L'*Éloge historique* de M. Pothier, par M. Letrosne, avocat du Roi au présidial d'Orléans. — J'en reparlerai dans un instant.

4°. Un autre *Éloge* qui se trouve en tête du *Traité de la Possession*, et que l'on attribue à M. Jousse (1), quoiqu'il soit peu digne de la réputation de ce magistrat. Il n'y a qu'un endroit où l'on pourrait reconnaître l'auteur du livre de la *Justice criminelle ;* c'est celui où il fait à Pothier un reproche sérieux de n'avoir pas eu la fermeté nécessaire pour voir donner la question aux accusés. Jousse avait plus de *fermeté* que son collègue ; car, dans l'ouvrage précité, il décrit avec un admirable sang-froid tous les

(1) Biographie universelle.

divers genres de tortures et de supplices en usage de son temps pour tourmenter l'humanité.

La Société royale des Sciences, Belles-Lettres et Arts d'Orléans avait proposé l'*Éloge de Pothier* pour sujet du prix qu'elle devait décerner en 1823. — Le prix a été adjugé, le 14 février de cette même année, à M. Boscheron Desportes fils, substitut du procureur-général près la Cour royale d'Orléans.

Cet éloge, et le rapport fait au nom de la section de littérature de la Société royale d'Orléans, sur les différens ouvrages adressés au concours, par M. de la Place de Montevray, président de la même Cour, et auteur lui-même d'un *article* sur Pothier, inséré au tome XXXV de la *Biographie universelle* de M. Michaud, sont imprimés au tome X des *Annales* de cette Société, 1823, in-8°. On en a tiré quelques exemplaires séparément.

Je m'abstiendrai de juger ces productions modernes; leurs auteurs vivent encore, et se recommandent assez par leur mérite personnel et leurs droits à l'estime publique.

Je dois encore indiquer deux *Notices* sur Pothier : l'une de Dupin jeune, mon frère, publiée dans la *Galerie française*; l'autre de M. Berville, qui se trouve en tête de l'une des éditions in-8° des Œuvres de Pothier.

J'ai mis tous ces auteurs à contribution.

Cependant je ne dissimulerai pas ma prédilection pour le travail de M. Letrosne : contemporain, collègue, ami de Pothier, ayant vécu long-temps dans son intimité, il a pu mieux que tout autre observer avec soin et retracer avec fidélité les mœurs et les habitudes de son illustre compatriote.

C'est donc à lui que j'ai toujours donné la préférence, toutes les fois que j'ai remarqué des nuances entre les divers récits.

§ IX.

Avertissement sur cette nouvelle édition.

Il me reste à rendre compte de l'édition in-8° que j'ai pris le soin de diriger.

Pothier ne se chargeait jamais de la correction des épreuves de ses ouvrages.

Si ses *Pandectes* ne fourmillent pas de fautes, c'est que M. de Guienne, son ami, avait pris sur lui le soin de les corriger, et qu'il y avait apporté une attention religieuse et l'intelligence du métier. Mais où trouver de pareils *protes?*

Pothier fut bien moins secondé pour ses *Traités de Droit français;* on y trouve un grand nombre d'incorrections.

Les citations des lois romaines y sont

presque toutes fautives. En cela cependant, la moindre erreur est fâcheuse; car un chiffre mis pour un autre suffit pour désorienter le commun des lecteurs, et les mettre hors d'état de retrouver le texte indiqué.

Une autre cause non moins fréquente des fautes qui se font remarquer dans les citations de lois romaines, est le non sens que leur abréviation présente à ceux qui ne sont pas jurisconsultes. Quelque bon humaniste que soit un prote, comment devinera-t-il, par exemple, que *l. 3, ff. de leg. agn. tut.*, veut dire *lege tertiâ, au Digeste, de legitimâ agnatorum tutelâ;* — que ces mots de *aq. et aq. pluv. arc.* signifient *de aquâ, et aquæ pluviæ arcendæ?* Pour peu qu'une lettre soit mal tournée dans le manuscrit, l'embarras devient insurmontable: comment, en effet, un homme qui n'est pas jurisconsulte pourrait-il suppléer par le sens à des abréviations qui, par elles-mêmes, n'en présentent aucun?

Cependant de l'exactitude d'une citation dépend ordinairement toute sa force, soit pour consulter la loi à laquelle l'auteur s'est contenté de renvoyer sans la rapporter, soit pour vérifier dans son ensemble un texte dont l'auteur n'a souvent cité qu'un fragment.

Si l'*editio princeps*, donnée du vivant même de Pothier, est incorrecte, que l'on juge des fautes qui ont dû se renouveler et s'accroître dans les impressions de ses *OEuvres posthumes* et dans les *réimpressions* successives de ses divers Traités.

L'édition même in-4°, quoiqu'on paraisse y avoir apporté un peu plus de soin du côté de la typographie, reproduit la plupart des fautes qui se font remarquer dans les précédentes.

Plusieurs éditions in-8°, celle in-32, données dans des temps plus rapprochés de nous, offrent les mêmes défectuosités, et sont aussi peu capables de satisfaire les hommes instruits ; parce qu'aucun des éditeurs n'a voulu se livrer à ce genre de travail, ingrat, minutieux, assidu, qu'exige la vérification continue des citations et la correction matérielle des épreuves.

En effet, un jurisconsulte seul peut donner une bonne édition d'un livre de Droit ; un mathématicien seul peut donner une bonne édition d'un ouvrage d'Algèbre. Un prote ordinaire ne peut corriger qu'avec les yeux les mots techniques ou les signes d'une science dont il ignore les élémens ; le savant seul peut joindre à la correction des fautes qui sautent aux yeux, la correction de celles qui ne parlent qu'à l'intelligence.

En acceptant le soin de donner une nouvelle édition des Traités de Pothier, j'ai compris qu'une telle entreprise, pour être réellement utile, commandait à l'éditeur *la nécessité de vérifier exactement tous les textes*.

Comme je ne pouvais pas me charger seul de cette vérification qui eût absorbé tout mon temps, je me suis associé l'un de mes confrères, M. Boudet, jeune avocat dont la solide instruction et l'application sévère m'étaient parfaitement connues; en me réservant seulement les *référés*, lorsqu'il éprouverait des difficultés à retrouver un texte mal indiqué. Le nombre des fautes ainsi relevées, dans les seules citations, s'élève à plus de *six mille!* M. Boudet a encore pris sur lui le soin de corriger les tierces; ainsi c'est à ses soins principalement que le public sera redevable de l'exactitude typographique de cette édition.

Dans le désir de la rendre moins coûteuse et de la mettre ainsi à la portée d'un plus grand nombre d'acheteurs, il a fallu quelquefois réunir plusieurs traités en un seul volume. On a tâché, autant que possible, que cette réunion eût lieu pour des Traités du même genre et qui offraient entre eux de l'analogie. Il n'en résultera donc aucun inconvénient; il y aura même cet avantage, que plusieurs de ces Traités, tels que ceux des *Obligations* et de la *Communauté*, qui étaient auparavant divisés en deux volumes, n'en forment plus qu'un maintenant, ce qui est beaucoup plus commode pour l'audience.

Voici, au surplus, l'ordre adopté dans la distribution des divers Traités (1) :

Premier volume. Traité des *Obligations*.

Deuxième volume. Traités de la *Vente*, des *Retraits*, du *Bail à rente*.

Troisième volume. Traités du *Louage*,

---

(1) Onze volumes in-8°, y compris la table. Papier fin satiné, chez Béchet, aîné, libraire, Quai des Augustins, n° 47.

Cette dissertation se trouve en tête du premier volume avec le portrait et un *fac simile* de Pothier.

du *Cheptel*, de la *Société*, de la *Constitution de rente*, *du Change*.

Quatrième volume. Traités du *Prêt à usage*, du *Prêt de consomption*, du *Dépôt*, du *Mandat*, de la *Charte-partie et Louage des matelots*, des *Assurances*, du *Prêt à la grosse*, du *Jeu*.

Cinquième volume. Traités du *Contrat de mariage*, du *Douaire*.

Sixième volume. Traités de la *Puissance maritale*, de la *Communauté*, des *Donations entre mari et femme*.

Septième volume. Traités des *Donations entre vifs*, des *Donations testamentaires*, des *Substitutions*, des *Successions*, des *Propres*, de la *Garde-noble*.

Huitième volume. Traités des *Personnes et des Choses*, de la *Possession*, de la *Propriété*, de la *Prescription*, du *Nantissement*, de l'*Hypothèque*, des *Cens et Champarts*.

Neuvième volume. Traités des *Fiefs*, de la *Procédure civile et criminelle*.

Dixième volume. *Coutume d'Orléans.*

Je n'ai pas voulu reproduire à la suite de chaque Traité les *tables des matières* qui se trouvent dans les précédentes éditions : elles sont insignifiantes et ne remplissent nullement leur objet. D'ailleurs Pothier est si méthodique, qu'avec le seul secours des *tables des chapitres et divisions*, un jurisconsulte peut trouver aisément ce dont il a besoin ; à la différence de ces ouvrages diffus et mal dirigés, où l'auteur, incertain dans sa marche, traite de tout par occasion, et dont les titres trompeurs annoncent souvent plus ou autre chose que ce qu'ils contiennent réellement.

Cependant, comme Pothier n'est pas seulement le livre des jurisconsultes, mais encore celui des étudians, et d'un grand nombre de citoyens appelés à le consulter pour leurs affaires, j'ai pensé qu'une *table générale des matières* contenues dans les divers traités de cet auteur serait bien autrement utile que toutes ces tablettes particulières dont j'ai signalé l'imperfection.

Au lieu des indications vagues dont les tables sont communément remplies, il fallait autant que possible analyser le fond même des pensées et des décisions, afin que cette table fût par le fait un véritable *Dictionnaire analytique du Droit français*.

M. Boudet a saisi cette idée avec toute l'ardeur de son âge, et le public doit être extrêmement satisfait de la manière dont il a exécuté le plan que je viens de tracer.

NOTICES

SUR

MICHEL L'HOSPITAL,

OMER ET DENIS TALON,

ET M. LANJUINAIS;

PAR M. DUPIN, AVOCAT.

NOTICE

SUR

MICHEL L'HOSPITAL,

CHANCELIER DE FRANCE (1).

On se plaint quelquefois de ne point voir de grands hommes ! On croit qu'ils furent exclusivement l'apanage des siècles passés.

Ainsi, l'on s'imagine qu'un homme naît précisément pour être ce qu'on appelle *grand* : que cette grandeur ne dépendra que de lui, de son organisation, de ses facultés, de son énergie ; que c'est un caprice de la nature ; qu'il faut attendre qu'elle l'ait produit ; qu'alors un tel embryon fera la loi de son siècle ;

---

(1) Cette notice a paru dans la *Revue encyclopédique* de mars 1825.

qu'il subjuguera par sa seule volonté toutes les volontés particulières; et que tout devra plier sous lui, et prendre une face nouvelle, uniquement parce qu'il sera doué de telle ou telle qualité.

Je pense, au contraire, que les circonstances seules font les hommes extraordinaires. Elles seules leur offrent ces occasions qu'ils savent saisir, de se mettre à la tête des grandes passions, de les stimuler, et de les faire servir d'instrumens à leur élévation et à leurs desseins.

A toutes les époques et chez toutes les nations, on trouve des braves : pourquoi n'y a-t-il pas toujours des conquérans, ou de grands capitaines? — C'est qu'un peuple n'éprouve que de loin en loin ces grandes émotions qui exaltent les courages, et assurent à ceux qui en sont agités la supériorité sur d'autres peuples que rien n'a tirés de leur état d'insouciance ou d'apathie.

Qu'en pleine paix et lorsque chacun est fatigué de la guerre, un homme pourvu de toutes les qualités chevaleresques entreprenne de faire passer son ardeur personnelle dans l'âme de ses compatriotes : si aucun intérêt ne les pousse à le seconder et à entrer dans ses vues, il les trouvera froids et nullement disposés à répondre à son appel; on le traitera de fou, d'énergumène; on rira de ses efforts; peut-être même le tournera-t-on en ridicule.

Mais que le même homme habite au sein d'une nation opprimée par l'étranger, fatiguée par l'injustice de ses maîtres, ou tourmentée par des troubles intérieurs; que plusieurs factions s'y disputent le pouvoir; que les querelles religieuses viennent accroître l'ardeur d'une guerre civile; vous allez voir ce qu'on nomme un héros.

Général, il trouvera des soldats empressés à se ranger sous son étendard;

orateur, il excitera les intérêts, animera les passions, dirigera les volontés; adroit politique, il fera servir à ses seuls desseins des forces qu'on ne lui aura confiées que pour faire triompher un intérêt commun.

Sans les injustices de Gessler, la Suisse eût ignoré jusqu'au nom de Guillaume Tell. Gustave-Adolphe, avec ses seuls Suédois, eût-il jamais vaincu en Allemagne, s'il n'y avait été appelé et soutenu par le parti protestant? Que Bonaparte fût né sous le règne de Louis XIV; pense-t-on qu'il fût devenu *empereur et roi?* Guillaume n'eût pas tenté, après les victoires de Cromwel, une révolution devenue si facile après les folies de Jacques II.

Ainsi, les hommes extraordinaires naissent des circonstances qui les entourent, lorsque ces circonstances sont extraordinaires comme eux. Pour devenir conquérant, il faut trouver un peuple disposé à la conquête ; pour être le libérateur de son pays, il faut trouver les citoyens fatigués du joug, et disposés à soutenir quiconque voudra les en délivrer. La peste de Marseille fournit à Belzunce l'occasion de montrer toute l'étendue de son courage et de sa charité : les fureurs de la Ligue, les malheurs de la France exaltent le patriotisme de L'Hospital. L'injustice domine ; elle menace de tout envahir : qui lui résistera ? ce vertueux chancelier. Du sein même de l'anarchie, il fera naître des semences d'ordre. On oublie toutes les lois, il reformera la législation ; partout on assassine, on tue, on *immole* ; il saura braver le fer des assassins, et montrer que le courage civil peut égaler la bravoure militaire :

Impavidum ferient ruinæ.

Il faut donc croire au système consolant des compensations dans les affaires publiques aussi bien que dans la vie privée. La même providence conduit tout : près du mal, elle place ordinairement le remède ; et à côté des malheurs dont il lui plaît d'affliger les nations, en regard des conquérans qui les dévastent, des ambitieux qui les désolent, des hommes corrompus qui les trahissent et les poussent à leur ruine, la sagesse divine place les hommes vertueux, les sages qui protestent contre les débordemens de leur siècle, et qui font entendre la voix de la raison au milieu du délire des passions.

L'Hospital est le modèle des chanceliers. Étienne Pasquier désirait que tous les chanceliers et gardes des sceaux *moulassent leur vie sur la sienne*. Il est permis de le désirer encore, même aujourd'hui (1).

Proscrit dans sa jeunesse, avec son

---

(1) Mars 1825.

père, médecin et conseiller du *Connestable de Bourbon;...* privé de son patrimoine dont les lois du temps avaient autorisé la *confiscation*, L'Hospital rentra dans sa patrie, non avec le désir de la vengeance ou la soif de l'*indemnité*, mais avec le sentiment profond des maux que les dissensions civiles et religieuses menaçaient de causer à sa patrie.

Devenu chancelier, après avoir passé par les divers grades de la magistrature, il apporta dans l'exercice de cette première charge du royaume l'exemple d'une vie simple et frugale, de mœurs austères et d'une grande application à ses devoirs. On le vit donner un soin minutieux à ne pourvoir des fonctions de juges que les sujets les plus dignes, prenant lui-même la peine de les examiner pour mieux s'assurer de leur capacité. Dans le conseil, où sa position était rendue si difficile entre un roi enfant, dont il s'efforça d'abréger la minorité; une reine-mère, jalouse de son pouvoir, et qui ne savait s'arrêter à aucun parti ; les Guises qui, *sous couleur de religion*, voulaient opprimer la branche des Bourbons ; et ceux-ci réduits, pour se défendre, à se faire les chefs du contraire parti : L'Hospital, toujours l'homme du trône et de la France, fidèle à ses maximes, n'opina jamais pour les *moyens extrêmes*, mais uniquement pour les voies de conciliation. Son grand but était d'éviter la guerre civile ; il ne voyait de salut que dans la *tolérance*, et il ne cessait de la conseiller.

Mais ceux qui voulaient *extirper l'hérésie*, c'est-à-dire *exterminer leurs ennemis*, en leur supposant des desseins dangereux pour le trône, ne permirent pas que ses sages remontrances fussent écoutées. On l'appela d'abord *huguenot*, puis *athée*; le Pape menaça de l'*excommunier*, et ce pontife alla jusqu'à charger son légat à Paris d'offrir au roi une bulle qui autoriserait la vente des biens du clergé jusqu'à concurrence de trois cent mille écus, à condition qu'il ferait sur-le-champ *empoisonner* le chancelier et son ami Montluc, évêque de Valence.

Le légat n'osa faire cette odieuse proposition; mais, après plusieurs *conspirations factices* (car l'emploi de ce moyen était dès lors connu), des *colloques impuissans*, des *paix simulées*, des *désarmemens* ordonnés sur tous, et exercés seulement sur ceux que l'on se réservait d'opprimer; L'Hospital, dont on se cachait pour délibérer, et dont les avis n'étaient plus écoutés, vit que le bien était désormais impossible, et prit le parti de se retirer.

Il habitait sa petite terre de Vignay, près d'Étampes, et s'y livrait aux douceurs d'une vie privée qui n'était troublée que par le sentiment douloureux des maux de la patrie...

La Saint-Barthélemy avait été résolue; le parti des Guises avait désigné L'Hospital pour victime : une bande d'assassins se présente. On demande ses ordres pour fermer les portes et repousser la force par la force : *Non, non*, dit-il; *et si la petite n'est bastante pour les faire entrer, qu'on ouvre la grande.* Heureusement que ses domestiques ne tinrent pas compte de sa recommandation, et qu'ils résistèrent assez long-temps pour qu'une troupe de cavaliers envoyés par le roi et la reine-mère pût le délivrer. Le chef de cette troupe lui ayant annoncé qu'on lui *pardonnait* l'opposition qu'il avait si long-temps formée aux mesures projetées contre les protestans; L'Hospital lui répondit froidement : *J'ignorais que j'eusse jamais mérité ni la mort ni le pardon.*

Lorsque ce temps de massacres et d'*immolations* fut passé, L'Hospital continua de vivre dans la retraite, au sein de sa famille, cultivant les lettres et déplorant en beaux vers les désastres dont il avait été témoin. Il avait ce que Tacite regarde comme la chose la plus désirable, *otium cum dignitate.*

Il ne s'était occupé en aucun temps du soin de sa fortune. Après avoir passé neuf ans au Parlement, six dans l'administration des finances, et être devenu chancelier de France, il se vit réduit à demander des *alimens* pour lui (ce sont ses termes) et une dot pour sa fille unique. On peut juger de la frugalité de sa vie, par ce qu'en raconte Brantôme, qu'étant allé lui faire une visite avec le maréchal Strozzi, L'Hospital les fit dîner dans sa chambre avec du bouilli seulement; car c'était, ajoute l'historien, *son ordinaire pour les disnés.* Il était cependant alors chancelier!

Quelle distance de ce genre de vie à nos *dînés ministériels!* Combien cet honorable dénuement est loin de la sollicitude avec laquelle les ministres modernes poussent et avancent aux meilleures places jusqu'à leurs moindres parens, marient et dotent leurs filles, s'assurent de grandes richesses, et se retirent avec l'inévitable pension de 20,000 fr. de rente, souvent acquise par un service qui n'a duré que quelques mois!

L'Hospital portait dans l'exercice public de ses fonctions une grande sévérité : on le voit tantôt gourmander les Parlemens sur les abus qui s'étaient introduits dans leur sein, tantôt faire poursuivre avec inflexibilité les dilapidations de la fortune publique, *sans plus épargner les grands que les petits;* et montrer à tous, comme le dit Brantôme, « qu'il ne fallait pas se jouer avec ce grand juge, et rude magistrat. »

Le même historien, dans sa vie du Connétable de Montmorency, s'exprime ainsi : « Que plust à Dieu fust-il encore vivant, et que nous eussions un pareil censeur, si digne que luy, pour censurer tous nos estats de la France, *qui est très-gentiment corrompue;* et qu'avec luy fust joint un chancelier de L'Hospital, que je veux dire avoir esté le plus grand chancelier, le plus savant, le plus digne, et le plus universel qui fust jamais en France! C'estoit un autre censeur Caton, celui-là, et qui sçavoit très-bien censurer et corriger le monde corrompu. Il en avoit du tout l'apparence avec sa grande barbe blanche, son visage pasle, sa façon grave, qu'on eust dit, à le voir, que c'estoit un vrai portrait de saint Hiérosme; ainsi plusieurs le disoient à la cour. »

Tant qu'il fut en place, quelque chagrin qu'il eût de voir ses services si mal appréciés, il ne perdit jamais de vue le dessein qu'il avait de réformer l'ordre judiciaire, et il publia des lois admirables qui rendront à jamais respectables la mémoire et la vertu de leur auteur.

On lui doit l'édit de Romorantin qui a épargné à la France le fléau de l'inquisition ; — l'ordonnance d'Orléans, qui est à la fois un code administratif, judiciaire et religieux ; — l'édit des secondes noces, qui a mis un terme aux scandaleuses libéralités des veuves en faveur de leurs nouveaux époux ; — l'édit de Roussillon, qui a fixé au 1er janvier le commencement de l'année, que l'on avait jusqu'alors datée du jour de Pâques ; — l'édit de Moulins pour la réformation de la justice ; — l'établissement des tribunaux de commerce, sous le titre de Juges-Consuls ; — et ces lois somptuaires, en apparence si minutieuses, et en effet si sages et si utiles, surtout pour le temps où elles furent portées.

Malgré le secours que L'Hospital aurait

pu trouver dans les lumières de son siècle, il fut le seul auteur des ordonnances qui parurent sous son ministère, et qui, suivant l'expression de Pasquier, passent, *d'un long entrejet*, celles qui les avaient précédées.

« Aussi, d'Aguesseau, bien digne de se porter juge de la législation de L'Hospital, regarde les lois dont nous sommes redevables à ce grand homme, comme le fondement des plus utiles qui aient été faites dans la suite par nos rois, et qui ne sont guère que des conséquences de ces lois fondamentales.

« L'Hospital ne fut grand législateur, que parce qu'il avait auparavant travaillé à devenir grand jurisconsulte.

Il avait étudié profondément le Droit romain, surtout à l'université de Padoue en Italie, pendant son exil. A son retour, il avait suivi quelque temps le barreau de Paris, comme simple avocat, et avait ensuite exercé les fonctions de juge au Parlement : la pratique lui était aussi familière que la théorie.

Il avait composé d'immenses ouvrages sur la jurisprudence : il parle notamment, dans son testament, « d'un travail important sur les lois romaines qu'il avait *classées par ordre* et annotées. » Il légua ce travail à l'un de ses petits-fils, en lui recommandant de l'achever : mais le petit descendant de ce grand homme n'a pas accompli le mandat, et cet ouvrage de L'Hospital est perdu.

On croyait aussi avoir à déplorer la perte de son *Traité de la réformation de la justice ;* mais on en a retrouvé un exemplaire manuscrit, qui avait appartenu à M. l'avocat général Séguier, et qui est maintenant à la Bibliothèque du Roi. Les autres écrits de L'Hospital, surtout ses *poésies*, étaient disséminés, et n'avaient jamais été réunis.

Il faut savoir gré à M. Dufey de

l'Yonne (1), avocat, d'avoir eu l'heureuse pensée de publier un recueil complet des *OEuvres de Michel L'Hospital* (2). Il les a fait précéder d'une *introduction* où il explique la révolution du XVIe siècle, ses causes, ses effets, et les principaux évènemens depuis François Ier jusqu'à Charles IX. Cette introduction était indispensable pour donner la clef des discours et de la conduite de L'Hospital.

L'ouvrage entier comprendra les *ha-*

---

(1) On doit à M. Dufey la publication de plusieurs ouvrages importans, notamment la réimpression d'un petit volume in-8° fort curieux, intitulé : *du Sacre des Rois de France, ou Inauguration de Pharamond.* Il est l'auteur d'un *Résumé de l'Histoire de Bourgogne*, en 2 volumes in-18, qui fait honneur au patriotisme de l'auteur et à ses connaissances historiques.

(2) Sept vol. in-8°.

rangues, les *mémoires d'état* et le *testament* de L'Hospital, qui n'est point un simple acte de dernière volonté, mais la dernière pensée d'un grand homme d'état, qui reporte ses regards sur les principaux évènemens de sa vie politique, et qui retrace aux dépositaires de l'autorité du prince, et à tous les Français, les règles de conduite que leur prescrivent les besoins de la patrie, la sûreté du trône et l'intérêt sagement entendu de la dynastie.

Vient ensuite son célèbre *Traité de la réformation de la justice*. Le chancelier s'y montre tout entier; on y voit l'homme du présent et de l'avenir, *le Juste* dans toute l'étendue de ce mot. Il veut des magistrats probes, intègres, désintéressés, instruits, dévoués à leur prince et à la patrie; mais en même temps il les veut indépendans, fermes, courageux, *reluctans au besoin contre les choses extraordinaires qui leur se-*

raient demandées contre droict et raison. Il n'exige pas d'eux qu'ils soient soumis, et, pour ainsi dire, façonnés à la discipline du ministère; il leur laisse la liberté du vote et de l'opinion, et n'appelle point *félonie* une résistance qu'il sait bien, par son expérience propre, être quelquefois la plus grande marque de la *fidélité*.

Les poésies de l'Hospital portent, comme sa prose, l'empreinte de son caractère. Dans ses satires, il reproduit souvent l'énergie de Juvénal; ses vers sur la guerre civile sont de tous les temps et de tous les lieux. Ses remercîmens à Anne d'Est, qui avait sauvé sa fille unique du massacre de la Saint-Barthélemy, sont un chef-d'œuvre de sensibilité. *Excidat illa dies!* s'écrie-t-il douloureusement en parlant de cette affreuse journée.

Il resterait à citer des exemples pour faire connaître le caractère de l'éloquence et du génie poétique de cet admirable chancelier, mais les bornes de cet article, déjà fort étendu, s'y opposent : je reviendrai sur ce sujet.

NOTICE

SUR

OMER ET DENIS TALON,

AVOCATS-GÉNÉRAUX AU PARLEMENT DE PARIS (1).

Si l'on ne consultait que les rhéteurs et les bibliographes, on pourrait regarder comme vraie cette opinion, déjà trop accréditée, que la France, si riche

(1) Cette notice a paru dans la *Revue encyclopédique* de mai 1822. J'en parlai à l'un de mes plus honorables clients, M. Joly de Fleury, dernier procureur-général au Parlement de Paris, que je savais être de la famille d'Omer Talon. Il me témoigna le désir de la lire; je la lui envoyai avec ma *Jurisprudence des arrêts*. Ce vénérable magistrat accueillit ces opuscules avec une grande indulgence; et dans sa lettre du 15 juin 1822, après s'être plaint de ce que « son âge de 76 ans, ses yeux, ses infirmités

dans tous les genres de littérature, offre à peine quelques modèles d'éloquence du barreau, et manque tout-à-fait d'exemples de l'éloquence appliquée aux affaires politiques.

Les uns, après avoir nommé plutôt que cité *Lemaistre* et *Patru*, indiquent Cochin et d'Aguesseau, non-seulement comme les plus parfaits, mais en quelque sorte comme les *seuls* qui méritent d'être lus.

Les autres, bornant leurs indications

---

lui rendaient le travail bien difficile, » il ajoutait : « Mille remercîmens aussi pour votre intéressante notice sur les Œuvres d'Omer et de Denis Talon. Ces grands magistrats sont bien de mes parens, et j'ai chez moi le fameux tableau original d'Omer Talon, peint par le célèbre Champagne... » La lettre est terminée par une phrase trop obligeante pour que je la rapporte ici ; elle est signée : *Joly de Fleury, ancien procureur-général et conseiller d'État, bien vieux.* Il est mort très peu de temps après.

aux seuls livres qui ont été imprimés, laissent ignorer à ceux qui les consultent qu'il a existé dans notre pays, comme chez les Anciens, des hommes d'état puissans en éloquence, animés de l'amour du bien public, et dont la voix courageuse a souvent fait entendre, en faveur de la patrie, le langage de Démosthène et de Cicéron.

Leurs discours, il est vrai, n'ont pas été prononcés du haut de la tribune aux harangues; ils n'ont pas reçu l'éclat de cette publicité que les discours modernes obtiennent par la voie de l'impression, et surtout par les journaux; mais il n'en est pas moins certain que les siècles qui ont précédé la révolution ont offert d'éclatans modèles de cette éloquence grave et forte que le patriotisme inspire, que soutient l'amour de la gloire, et qui mérite l'admiration de la postérité.

Quelle erreur de croire que c'est depuis 1789 seulement que la France compte des orateurs politiques! Ceux qui partagent cette opinion en accusent la nature de l'ancien gouvernement; il était despotique, disent-ils: quelle voix eût alors osé s'élever contre les abus, lutter contre un pouvoir, hélas! trop absolu; et faire entendre aux ministres ces vérités amères que comporte la tribune d'un gouvernement représentatif?

Certes, je ne suis pas de ceux qui se font illusion sur les vices de l'ancienne constitution de la France, sur les abus qui infectaient l'administration, sur l'utilité d'un grand nombre de réformes modernes, malheureusement suivies du retour accéléré d'une multitude d'anciens abus; mais il ne faut pas que l'engoûment du présent rende injuste envers le passé; et il suffit d'interroger notre histoire pour reconnaître la vérité de cette pensée de madame de Staël:

Que c'est le despotisme qui est moderne parmi nous, et la liberté qui est ancienne.

Nous avons aujourd'hui une tribune nationale ! Et plus anciennement, la nation n'a-t-elle pas eu ses assemblées du Champ de Mars et du Champ de Mai ? Pense-t-on que ces assemblées fussent muettes, et qu'un orateur armé de pied en cap fût plus timide qu'un orateur en collet brodé ? Lorsque les assemblées nationales prirent le nom d'*États-Généraux*, chacun des trois ordres n'eut-il pas ses orateurs, également ardens à défendre ses droits, à étendre ses prérogatives, à signaler les malversations, et à faire entendre, sous le titre de *doléances*, les souffrances et les plaintes du peuple ?

On admire, avec raison sans doute, l'énergie des députés modernes ; mais avaient-ils donc moins de courage les députés aux États de Blois, d'Orléans et de Tours; les notables convoqués à Rouen, soit qu'ils s'opposassent à l'introduction du Concile de Trente et aux influences ultramontaines, soit qu'ils réclamassent des réformes dans l'administration de la justice, soit qu'ils accordassent des impôts, avec des limitations qui annonçaient assez la conscience de leur force, et le juste sentiment de leurs droits?

Plus tard, et lorsque les rois eurent cessé de convoquer les États de la nation, croit-on que le principe de toute opposition au pouvoir absolu se soit évanoui? Pense-t-on que les rois aient régné sans contradiction? La constitution parut prendre une nouvelle forme; mais les pouvoirs ne restèrent pas sans balance; et si les Parlemens commirent une sorte d'usurpation en s'intitulant *États-Généraux au petit pied*, ils légitimèrent cette usurpation par la manière courageuse dont ils firent souvent éclater leur opposition aux volontés de la cour.

C'est ici qu'on trouve une longue suite d'exemples de la véritable *éloquence parlementaire*, éloquence souvent fautive et long-temps barbare, si on la juge avec les scrupules, la délicatesse et le goût modernes; mais éloquence franche et libérale, hardie, forte, souvent sublime, et digne d'être proposée pour modèle aux siècles les plus polis.

Consultez cette longue suite de registres qui portent le titre de *comités secrets* dans les vieilles archives du Parlement; c'est là qu'en effet vous découvrirez ce qu'on cherche en vain dans les livres; vous y trouverez notre véritable histoire, les secrets de notre antique constitution, et ce que Tacite appelle quelque part *arcana imperii*.

Concordats, pragmatiques, traités de paix, lois, ordonnances, édits, lettres-patentes; en un mot, tous les actes de politique, de législature et de haute administration, sont discutés dans le Parlement. Sur tous les sujets importans, si vous voyez une tradition non interrompue des efforts du pouvoir contre la liberté, à chaque pas aussi vous rencontrez la trace des efforts non moins soutenus d'une opposition courageuse aux tentatives audacieuses ou imprudentes des ministres.

Là, vous voyez les gens du Roi montrer qu'ils sont aussi les gens de la nation; c'est pour elle qu'ils portent la parole; et dans l'élan de leur zèle, c'est encore pour le Roi qu'ils croient parler: car dès lors, comme aujourd'hui, on trouve établie l'opinion que le Roi ne peut jamais mal faire, et que tout le mal qui s'essaie ou qui s'opère sous son nom est l'ouvrage de conseils inhabiles ou peu généreux.

Dans le sein de cette auguste Compagnie, on ne fait point d'*adresses*, mais on délibère des *remontrances*; et ces remontrances, portées par des députations toujours admises au pied du trône, sont lues hautement en parlant à la personne du Roi.

Des ministres, qu'irrite une vertueuse résistance, conseillent des *lits de justice* (1); le Roi se rend au Parlement; il y déploie l'appareil du pouvoir souverain, mais la liberté des consciences n'en est pas émue; le patriotisme s'exalte, le courage s'accroît, les orateurs grandissent même alors que le respect les oblige de parler à genoux. Servin élève la voix en présence de Louis XIII, et meurt en plaidant pour la liberté (2).

(1) Ainsi nommés, dit-on, parce que la justice y dormait.

(2) .... Servinum...............
Una dies vidit pro libertate loquentem,
Vidit et oppressâ pro libertate cadentem.

Parfois un orage éclate, de trop fidèles avis sont mal appréciés, les défenseurs des libertés publiques sont arrachés de leurs chaires curules, et récompensés par l'exil; mais la gloire est de la partie, et bientôt elle ramène, éclairés de ses rayons, ceux que la foudre ministérielle avait au loin dispersés.

Les discours des anciens avocats-généraux devraient être tous imprimés : si tous n'offrent pas au même degré ces traits d'éloquence qui dépendent ordinairement de la grandeur du sujet et de la gravité des circonstances, leur réunion n'en offrirait pas moins l'histoire la plus complète et la plus sûre de notre ancien droit public.

La conduite des Parlemens, dans un grand nombre d'occasions, offre le vrai modèle d'une grande et belle opposition, qui veut arrêter le pouvoir et non pas le détruire, éclairer ses fautes, et non pas le dépouiller de ses prérogatives;

ardente contre les ministres, sans devenir jamais hostile contre la royauté; enfin, un assujettissement à des formes constantes dont l'emploi, varié suivant les circonstances, suffisait à tous les besoins (1), et permettait de concilier le devoir de résister aux mauvaises lois, avec la nécessité de les recevoir.

Le pouvoir demande, on fait des remontrances; il commande, on résiste encore; il insiste de rechef, on se soumet, mais en expliquant que l'on ne cède qu'à des ordres absolus. Cette res-

---

(1) « Je sais bien, dit M. Talon, que lorsque » nos Rois désirent quelque chose que nous » estimons être contraire aux lois de l'État, » nous avons *infinis moyens* pour nous en dis- » penser, *infinies voies obliques*, par lesquelles, » demeurant dans les termes du respect, nous » faisons entendre nos plaintes et celles des » peuples, et résistons avec courage aux choses » extraordinaires. » (23e *Discours*, tom. I, pag. 195.)

triction déplaît, arrive un ordre de la supprimer; on l'efface, mais la rature est faite de manière à laisser lire dessous : la vérité s'y montre comme un captif à travers les barreaux de sa prison. Enfin, qui fera exécuter la loi? Le Parlement; mais c'est là que les résistances partielles arrêtent dans ses effets un mal qu'on n'a pu prévenir dans sa source; et, dans notre histoire, un enregistrement forcé correspond à cette ancienne formule des Cortès d'Aragon, imaginée pour concilier les prérogatives de la royauté avec les droits d'une opposition légitime : *La loi sera obéie, mais non exécutée.*

Il faut remercier l'éditeur des œuvres d'Omer et de Denis Talon, tous les deux avocats-généraux au Parlement de Paris.

Omer Talon ne débuta point par entrer en charge, et faire, pour ainsi dire, son apprentissage aux dépens du public; il se fit recevoir avocat en 1613, et en exerça long-temps la profession avant de se risquer dans les fonctions publiques. Ce ne fut même pas sans peine qu'il s'y décida. « Mon frère, dit-il dans ses *Mémoires*, m'offrit sa charge, laquelle d'abord je refusai comme un emploi trop lourd et trop difficile; et quoiqu'il y eût *dix-huit ans* que je fusse dans le barreau avec assez d'occupation, je ne me pouvais pas résoudre dans une charge que j'avais vu et entendu avoir été remplie des plus grands hommes du siècle passé, reconnaissant bien que je n'avais ni expérience ni suffisance qui approchât de celle de tous ces messieurs. Néanmoins, après une longue résistance, laquelle, de ma part, n'était ni feinte ni affectée, la sollicitation de ma femme et de mes proches fut si puissante, que je lâchai pied, et promis de faire ce que l'on voudrait. »

Omer Talon fut reçu avocat-général le 15 novembre 1631.

Sa noble conduite pendant les troubles de la Fronde nous est attestée, et par les Mémoires du temps, et par ceux que lui-même a laissés; *Mémoires utiles*, dit Voltaire, *dignes d'un bon magistrat et d'un bon citoyen*.

Il faut en dire autant des *discours politiques* qu'il prononça, dans le Parlement, à l'occasion des affaires les plus difficiles, et dans les conjonctures les plus embarrassantes.

Ces discours forment le premier volume de la collection. Citons-en quelques fragmens, pour faire juger la manière de l'auteur et le caractère propre de son éloquence.

« C'est ici, dit-il au Parlement, que nos rois sont informés des vérités qui leur sont d'ailleurs cachées, des désordres dont la connaissance ne peut parvenir jusqu'à leur trône; désordres et vérités que les grandes occupations de l'État leur dérobent, que la multitude des courtisans éloignent du cabinet, et que la flatterie des hommes complaisans traduit bien souvent en railleries. » (Tome I, p. 244.)

On va voir qu'en effet M. Talon n'épargnait pas ces vérités aux rois; et il le fait avec une franchise d'expression qui justifie bien l'espérance qu'il annonce avoir conçue « de pouvoir, dit-il, rétablir dans nos Cours l'ancien langage de nos ancêtres, ce langage qu'une mauvaise et infâme adulation a mis hors d'usage. » (*Ibid.* p. 247.)

Dans le 15e discours, cet avocat-général s'élève contre l'abus des lits de justice; il montre qu'ils furent rares dans le principe, et que du moins ils n'ôtaient pas la liberté des suffrages. « Dans toutes ces rencontres, dit-il au roi, la fonction des officiers de votre Parlement n'a jamais été diminuée; la présence de nos rois ne leur a point fermé la bouche, et *l'on ne s'était pas avisé d'user de la puissance souveraine comme l'on fait à présent*, jusqu'en l'année 1563, que le prétexte de la religion et le refus des ecclésiastiques de contribuer à une guerre sainte, rendirent, pour cette fois, la nouveauté tolérable. Chose étrange pourtant! que ce qui s'est fait une fois sans exemple, ce que nous pouvons soutenir avoir été contraire à son principe, passe maintenant pour un usage ordinaire (1), principalement depuis vingt-cinq années que, dans toutes les affaires publiques, dans les nécessités feintes et véritables de l'État, cette voie s'est pratiquée! Et de fait, François Ier, majeur de 30 années, s'étant plaint en ce lieu des difficultés qui étaient apportées à l'enre-

(1) Omnia mala exempla à bonis initiis orta. Sallust.

gistrement de quelques édits portant création de nouveaux officiers, il n'en fit pas publier les lettres en sa présence, parce qu'il savait bien *que la vérification consiste dans la liberté des suffrages*, et que c'est une espèce d'illusion dans la morale (1) et de contradiction dans la politique, de croire que des édits qui, par les lois du royaume, ne sont pas susceptibles d'exécution jusqu'à ce qu'ils aient été apportés et délibérés dans les compagnies souveraines, passent pour vérifiés lorsque Sa Majesté les a fait lire et publier en sa présence. Aussi, tous ceux qui ont oc-

(1) On peut rapprocher de cette pensée d'Omer Talon celle émise par M. Royer-Collard dans la séance du 18 avril 1822. « Le pouvoir » absolu est bien immoral ; mais beaucoup » moins que le gouvernement constitutionnel » qui compterait le dol au nombre de ses pré- » rogatives. »

cupé nos places, ces grands personnages qui nous ont précédés, et desquels la mémoire sera toujours honorable, parce qu'ils ont toujours défendu courageusement les droits du roi leur maître, *et les intérêts du public qui en sont toujours inséparables*, se sont écriés en semblables occasions, avec beaucoup plus de vigueur que nous ne saurions faire. Le Parlement a fait des remontrances pleines d'affection et de fidélité, mais *sans dissimulation, sans complaisance et sans flatterie*.

« Vous êtes, Sire, notre souverain seigneur; la puissance de Votre Majesté vient d'en haut; elle ne doit compte de ses actions, après Dieu, qu'à sa conscience; *mais il importe à sa gloire que nous soyons des hommes libres, et non pas des esclaves: la grandeur de son État et la dignité de sa Couronne se mesurent par la qualité de ceux qui lui obéissent*. »

Certes, il est impossible de tenir, en présence même du roi, un langage plus digne et plus fier; et je ne crois pas que jamais opposition se soit exprimée avec plus de noblesse et de sincérité.

Dans le 9e discours, M. Talon insiste encore sur la nécessité d'une vérification libre des lois dans le Parlement; il cite entre autres l'exemple suivant : « Lorsque le concordat fut fait entre le pape et le roi, et que le pape eut *stipulé* l'enregistrement au Parlement, chacun sait les difficultés qui y furent apportées. Le roi François Ier ne fut pas conseillé d'y venir pour commander, quoiqu'il en sût le chemin, et qu'il y fût venu pour d'autres occasions; mais d'autant qu'il s'agissait de faire *une loi nouvelle*, de supprimer la pragmatique sanction, il savait bien qu'une affaire de cette qualité devait être délibérée, et il aima mieux user de toutes les voies qui furent alors pratiquées pour l'enregistrement de cette pièce, que non pas de le faire faire par autorité et sans délibération. »

Dans le 5e discours, prononcé le 19 février 1643, lors de la présentation des lettres du roi qui nommaient Honoré Grimaldi, prince de Monaco, duc de Valentinois et pair de France, M. Talon justifie en ces termes la politique du roi dans ces sortes de naturalisations, et son intervention dans les affaires d'Italie : « Les projets que le roi a vu former contre tous les princes d'Allemagne, les prétentions de l'Empire sur *les souverains d'Italie, que l'on a voulu dépouiller; ces prétextes de religion étudiés, avec lesquels on abuse les peuples, pour se rendre maîtres du bien d'autrui*, ont obligé Sa Majesté de passer en Italie, de faire un voyage dans le Roussillon, et de visiter tous les ans en personne ses armées. Il était débiteur à sa conscience et à toute la chrétienté de cette protection générale; il ne serait pas héritier des vertus comme il l'est de la couronne de ses ancêtres, s'il n'était jaloux de cette réputation publique, des titres d'honneur et des inscriptions magnifiques qui le font considérer comme l'arbitre de la paix et de la guerre, l'ennemi de la violence, et le fléau des usurpateurs. Cela nous oblige de considérer maintenant sa cour comme Rome l'ancienne, la patrie commune de tous les gens de cœur, en laquelle la vertu facilement se naturalise : les hommes de toutes les nations y trouvent leur avantage, lorsqu'ils ont les qualités qui les peuvent mériter. »

On trouve souvent dans ses harangues l'origine de plusieurs usages importans, dont la trace s'efface quelquefois trop facilement. « L'un des plus grands personnages du siècle passé (le chancelier de L'Hospital), parlant dans une journée semblable à celle-ci, faisait cette observation, « que les rois, lorsqu'ils tiennent leur lit de justice, souffrent non-seulement que les grands de l'État, mais même tous les officiers de la compagnie, soient assis et *couverts* en la présence de leur prince, parce que, dans ces occasions, ils doivent avoir *la liberté des suffrages* (1), puisqu'ils doivent concourir, avec leur maître, au ministère de la justice : mais lorsque le roi *tient* ses grâces, et fait sceller en sa présence les rémissions qu'il accorde aux criminels, comme c'était autrefois la coutume le vendredi saint, personne, de quelque

(1) Ainsi, lorsqu'on dit à un avocat *couvrez-vous*, cela ne veut pas dire *mettez-vous à votre aise*, mais cela signifie *parlez librement*. Voyez la remarque historique que j'ai faite à ce sujet, dans la nouvelle édition des *Lettres sur la profession d'avocat*; Paris, Varée oncle, 1818, tome I, pag. 422.

qualité qu'il soit, ne peut être assis ni couvert, parce que, dans ces ouvrages, sa seule bonté et sa seule puissance agissent. »

Dans le discours prononcé au lit de justice du 7 septembre 1645, au sujet de l'enregistrement de 19 édits bursaux, M. Talon s'élève à toute la hauteur de son ministère. Il blâme de nouveau l'usage du pouvoir absolu employé pour forcer l'enregistrement des lois; il rappelle que le devoir du Parlement est d'y procéder, non par crainte ou par faiblesse, mais par conscience et par conviction.

« Et, dit-il ensuite, lorsque nous faisons entendre à Votre Majesté quelles sont les fonctions des compagnies souveraines et l'emploi des officiers de la justice, ce n'est pas pour y chercher notre avantage et pour y prévaloir; à Dieu ne plaise que la cognée s'élève contre le bras qui lui donne le mouvement! mais pour conserver à Votre Majesté la bienveillance publique de ses peuples, l'opinion qu'ils ont conçue de la douceur de son gouvernement; enfin, pour les maintenir dans une obéissance, non pas aveugle, mais *volontaire et clairvoyante*, que nous estimons être quelque chose de plus auguste que la royauté, parce que l'amour des peuples étend l'autorité des souverains sur la vie et les biens comme dans le cœur, dans les affections comme dans la volonté de leurs sujets, qui n'obéissent jamais par contrainte (1).

« Possédez, Sire, cet héritage longues années! *craignez, Sire, d'être craint*, et que vos sujets, qui aiment leur prince,

(1) C'est une des pensées que M. l'archevêque de Malines a le mieux développées dans son livre intitulé : *De l'Affaire de la loi des élections*.

appréhendent pour lui, mais qu'ils ne l'appréhendent jamais !

» Que ces actions d'autorité et de puissance ne marquent pas, à l'avenir, les périodes de votre empire ! Gardez, Sire, ces coups de maître pour des occasions importantes èsquelles il s'agit du salut de l'État ! *Ne déployez pas facilement les derniers efforts de la royauté.* L'usage et le bruit du canon a diminué l'effroi que les hommes avaient autrefois du tonnerre, et la fréquence des choses grandes les empêche d'être augustes et pleines de vénération.

» Et après ces paroles, que la vérité et l'obligation de notre serment ont exigées de notre bouche, recevez, Sire, les souhaits de vos gens, vos plus particuliers officiers, et les vœux qu'ils font pour la grandeur et la gloire de Votre Majesté..... »

..... S'adressant à la régente, M. Talon la supplie ensuite très humblement de concourir avec la Providence générale au gouvernement de l'État. « Faites, madame, lui dit-il, que la conduite intérieure du royaume soit remplie de douceur; que les peuples se ressentent de la félicité publique, et qu'ils n'aient pas occasion de se plaindre que la voix et la main de l'exacteur portent la désolation dans leurs familles, avec autant de licence et plus d'impunité que le passage des troupes étrangères, auxquelles il est loisible de résister. »

Lorsque M. Talon avait parlé de la sorte, ou, suivant une expression qui lui est familière, lorsqu'il avait tenu des discours de *cette qualité*, l'on peut croire qu'il n'était pas ménagé par les courtisans auprès du roi et auprès des ministres. Il sut que le soir même du jour où il avait prononcé le discours que nous venons de citer, le cardinal Mazarin en avait témoigné son déplaisir, *avec paroles de colère, d'aigreur et mauvaise volonté.* « Je fus averti, dit M. Talon, et m'étant donné la peine de savoir ce qui s'était passé en la matière, j'ai aperçu que la cour est un pays de mensonge, dans lequel il est difficile de réussir aux hommes de cœur, de probité et de vérité. »

Omer Talon était un de ces hommes; il pouvait hardiment s'en rendre le témoignage. « Quant à nous, dit-il dans son 23e discours, qui n'adorons ni la fortune passée par regret et par déplaisir, ni la fortune présente par intérêt, ni la fortune à venir par dessein et par espérance, la seule satisfaction qui nous reste, est que nous parlons sans autre intérêt que celui de notre honneur, sans ambition et sans crainte. » Et ce n'était pas une déclamation vaine; plus d'une fois on voulut le séduire. Dans une occasion où messieurs des enquêtes avaient *murmuré* par trois fois pendant la lecture de ses conclusions (car on murmurait aussi dans le Parlement), l'adroit Mazarin affecta de prendre le parti de M. Talon; il le manda, s'enquit avec intérêt de ce qui s'était passé. « Je crus ne devoir rien répondre, dit *Omer Talon*, sinon que comme ma conscience ne me reprochait rien de tout ce que j'avais dit dans cette occasion, je n'avais pas à me plaindre;..... qu'on avait fait souvent les mêmes clameurs sur les discours de M. le premier président, plus sage que moi..... Que je le suppliais que la reine oubliât tout cela, quand ce ne serait pour autre considération que pour la mienne, ne désirant pas me brouiller dans ma Compagnie, où j'avais à vivre et à mourir. — M. le cardinal ajouta que la reine avait donné, le matin, à mon frère l'abbaye de Notre-Dame de Frondoise, diocèse de Saintes. Je le suppliai de me permettre de la refuser pour mon frère, et lui dis que, comme je n'avais eu en toute l'affaire d'autre dessein que le service du roi et la satisfaction de ma conscience, je serais bien aise que le public ne me crût point avoir eu d'autre pensée, à cause de cette gratification. »

Certes, si le Parlement eût été partagé en trois parties, je n'ose dire de quel côté eût siégé M. Talon; mais il est aisé de deviner qu'il n'eût pas pris place *au centre*.

Dans le 11ᵉ discours, il console sa compagnie du mauvais succès qu'avaient eu ses démarches pour obtenir le rappel du président Barillon. Les conseils qu'il donne à ce sujet sont applicables à toute espèce d'opposition. « Et si, dans certaines occasions, dit-il, nous n'avons pas le pouvoir de faire exécuter et réussir ce que nous avons résolu, attachons-nous puissamment aux choses qui sont de notre juridiction, sans contredits; et nous y tenant dans les termes de la bienséance et de l'honneur, nous pouvons nous rendre nécessaires, pour obtenir avec conduite ce que nous demandons par prières. »

Pourquoi faut-il qu'à côté de si beaux passages se trouvent quelquefois des phrases qui rebutent par le mauvais goût dont elles sont empreintes? Tantôt ce sont des comparaisons tirées de l'Astronomie; d'autrefois c'est l'Écriture sainte où l'orateur va chercher les argumens les plus bizarres; immédiatement après, c'est la fable : ainsi, par exemple, dans le 5e discours, relatif à la naturalisation du prince de Monaco, après avoir cité *Socrate* et *Aristote*, parlé d'*Attale*, d'*Antiochus*, allégué *Philon*, *Phineas* et *le fils de Syrack*, pour donner une idée des qualités que doit avoir *un homme de cœur*, M. Talon s'écrie : « M. le prince de Morgues possède par éminence ces qualités. Son avocat nous les a avantageusement expliquées, et nous pensions, en l'écoutant, entendre, dans le poète Callimaque, le fleuve Pénus disant à Latone, qu'il avait assistée dans une occasion difficile : Je me suis engagé courageusement dans vos intérêts, sans faire état des menaces ni de la colère de Junon ; je souffre pour m'être attaché à votre secours : et *cette dame* lui répond en termes qui ne sont pas malséans dans notre bouche : Heureux d'avoir pris parti dans les bonnes grâces, etc., etc. » On nous dispensera de pousser plus loin la citation ; c'est assez d'un passage de *cette qualité*.

Au reste, ces défauts, qui sont ceux de l'époque plus encore que ceux de l'orateur, n'empêchent pas qu'il ne demeure éloquent dans tout le reste ; et l'on doit dire de sa prose ce qu'Horace a dit des beaux vers :

....ubi plura nitent in carmine, non ego paucis
Offendar maculis.....

Et puis, il faut remarquer que la

première mercuriale d'Omer Talon est de 1632, c'est-à-dire quatre ans avant l'apparition du *Cid*, et plus de vingt ans avant celle des *Lettres provinciales*, qui ne parurent qu'en 1656, quatre ans après que Denis Talon eût succédé à son père. C'est, il est vrai, du Cid et des Lettres provinciales qu'on est convenu de dater la naissance de notre littérature dramatique et oratoire; mais si l'on trouve dans les écrits d'Omer Talon, contemporain de Corneille, et antérieur à Pascal, moins de correction, de pureté, moins de style que dans les immortelles productions de ces hommes célèbres, et même moins que dans les écrits de Denis Talon, qui, par contre, a moins d'élévation que son père, on y remarquera les germes féconds du progrès qui a suivi, et les traits heureux d'une éloquence forte, grave, substantielle, plus occupée des choses que des mots, et dont tout l'art consiste le plus souvent dans la noble simplicité avec laquelle l'orateur sait exprimer les généreux sentimens dont il se montre animé.

J'ajouterai peu de chose sur les *plaidoyers* d'Omer et Denis Talon en matière civile. On y trouve raison, doctrine, érudition parfois trop prodiguée; mais c'était le vice du temps; un sens presque toujours droit, et auquel ils furent redevables de l'ascendant qu'ils surent acquérir sur l'esprit du Parlement; et qui est attesté par leurs succès, puisque sur deux cents plaidoyers environ qui se trouvent conservés en entier, il n'a pas été rendu dix arrêts contraires à leurs conclusions.

M. Rives n'a pas donné tous les plaidoyers d'Omer et de Denis Talon; il a cru devoir faire un choix, et « préférer » ceux qui, malgré la différence des » temps et des mœurs, sont encore pré» cieux à connaître. » En cela il a sagement fait; on rend, en général, un mauvais service aux auteurs en publiant indistinctement toutes leurs œuvres; il vaut mieux n'en prendre que ce qui est réellement digne de leur caractère et de leur talent.

Peut-être, toutefois, M. Rives a-t-il trop resserré le cercle qu'il s'est tracé. Par exemple, il a omis les mercuriales, et cependant la plupart seraient lues avec un grand intérêt; il y en a même qui auraient tout le mérite de l'à-propos, et presque l'air de la nouveauté, notamment celles qui ont pour titre : *De la modération. — Il faut se rendre digne de sa place. — Les magistrats ne doivent obéir qu'à la loi. — La dignité des grandes compagnies consiste non-seulement dans l'intégrité des mœurs, mais dans la vigueur des sentimens publics, et dans une réputation intacte et précieuse. — Sur l'occurrence des mouvemens publics dans le royaume*, etc., etc.

Il en faut dire autant de plusieurs réquisitoires très énergiques, prononcés en 1663, 1665, 1677, 1683 et 1688, dans des occasions où il s'agissait de mettre un juste frein aux *entreprises ecclésiastiques*, et au débordement des *idées ultramontaines*.

En résultat, les six volumes que nous annonçons n'en forment pas moins une collection très précieuse, et qui sera lue avec fruit par les orateurs de la tribune et par ceux du barreau.

Je ne terminerai pas cet article sans exprimer encore une fois le désir de voir publier successivement les œuvres des premiers avocats-généraux du Parlement de Paris; espérons surtout que M. le premier président Séguier cédera enfin aux vœux du barreau, en faisant imprimer les éloquens plaidoyers de son illustre père, qui a laissé dans la mémoire de nos anciens de si touchans souvenirs de ses talens oratoires, et de son affection pour notre Ordre, qu'il n'essaya jamais d'asservir, et dont il fut constamment le protecteur et l'ami....

NOTICE

SUR

M. LANJUINAIS (1).

Si les bons historiens sont rares, ce n'est pas qu'il soit difficile de raconter des faits; mais il est difficile de remonter aux causes, de les mettre, pour ainsi dire, à nu, d'en déduire des conséquences justes, des leçons utiles, et d'apprendre aux hommes à juger les évènemens contemporains par l'expérience des siècles passés.

---

(1) Notice sur l'ouvrage de M. le comte Lanjuinais, pair de France, intitulé : *Constitutions de la nation française*, avec un *Essai de traité historique et politique sur la Charte*, 2 vol. in-8°.

Cette notice a paru dans la *Revue encyclopédique* de mai 1819.

Faire connaître à fond les diverses constitutions d'un grand peuple ; observer le pouvoir dans sa formation, son développement, sa marche, ses égaremens même, suivis bientôt de sa décadence et de sa chute ; montrer diverses formes de gouvernement se succédant l'une à l'autre, la barbarie vivant d'arbitraire, l'arbitraire enfantant la tyrannie, le renversement de la tyrannie amené par l'amour ou plutôt le besoin de la liberté ; les partisans de celle-ci entraînés à la licence par les résistances mal calculées ; les défiances entretenues par la duplicité, les marches rétrogrades et la mauvaise foi ; les excès provoqués par les excès contraires ; le despotisme s'érigeant sur des ruines, absorbant tous les pouvoirs, méprisant tous les intérêts, emporté quelque temps par un tourbillon de gloire, mais abandonné à lui-même au jour des revers, et tombant de son propre poids, moins parce qu'il fut renversé, que parce qu'il ne fut pas soutenu; tirer de ces révolutions diverses des règles de conduite, des réflexions sages, propres à affermir les citoyens dans un esprit de paix et de justice; leur montrer que le bonheur d'une nation ne peut se trouver que dans l'oubli des griefs, l'union des volontés, la modération des désirs, l'usage mesuré de la liberté, et l'usage non moins mesuré du pouvoir, le respect de tous les droits, le ménagement de tous les intérêts. Un tel sujet est le plus beau que puisse choisir le publiciste, l'homme d'état, le vrai citoyen; c'est celui qu'a entrepris de traiter M. Lanjuinais.

Ancien avocat, professeur de Droit après deux concours, dès l'âge de 21 ans; profond jurisconsulte, député par le choix du peuple, maintenu à de hautes fonctions par respect pour sa seule vertu, souvent proscrit, jamais proscripteur, *toujours le même*; quel autre eût pu mieux que lui nous donner une *Histoire abrégée du Droit constitutionnel français?*

Les traits de ce tableau sont rapides, mais fortement prononcés. L'auteur parle d'abord des gouvernemens et des constitutions en général. Il ne craint pas de se demander ce qu'on doit entendre par *gouvernement légitime;* et il pense, avec Bossuet, que « *le gouver-*
» *nement légitime est opposé, de sa na-*
» *ture, au gouvernement arbitraire, qui*
» *est barbare et odieux.* Nous ajoute-
» rons, dit-il, que le gouvernement
» qui fut le mieux qualifié en Droit
» *gouvernement légitime*, lorsqu'il a
» cessé de fait, et qu'il n'existe plus
» visiblement dans le territoire de l'É-
» tat, n'est qu'une prétention, soit lé-
» gitime, soit illégitime, à laquelle cha-
» cun des citoyens peut ou doit être
» plus ou moins affectionné; mais per-
» sonne n'est coupable, personne ne

» peut être puni précisément pour avoir
» servi ou obéi sous un gouvernement
» de fait. La raison naturelle et la reli-
» gion chrétienne, la prudence et l'hu-
» manité, sont unanimes sur ce point.
» Les Anglais ont très sagement pres-
» crit l'obéissance au gouvernement de
» fait, par une loi positive la plus for-
» melle. »

L'auteur parcourt ensuite les diverses espèces de gouvernement, et il n'hésite pas à donner la préférence au *gouvernement représentatif et constitutionnel.*

Il démontre que, sous la première race, le gouvernement se rapprochait beaucoup de cette forme, et il se plaît à rappeler le beau mot de l'illustre madame de Staël : *C'est la liberté qui est ancienne, et le despotisme qui est moderne.*

Heureux peuple, dont le nom exprime le caractère! *Franc*, c'est-à-dire *libre et vrai.*

Mais les assemblées de la nation, remises en honneur sous Charlemagne, tombent en oubli sous ses trop faibles successeurs. La nuit féodale tend ses sombres voiles; l'aristocratie envahit les honneurs, les richesses, le pouvoir; et le roi des Français n'est plus qu'un *souverain fieffeux*.

Depuis saint Louis, de pieuse et glorieuse mémoire, les efforts du trône tendent constamment à l'affranchir de l'oppression des grands vassaux.

Le peuple devient dans cette lutte le puissant auxiliaire des rois; et la puissance royale, la prospérité de la nation, s'accroissent en proportion de ce que l'aristocratie perd de son autorité.

A mesure que les lumières se répandent, on discute les droits, on démasque les usurpations. Tout cela ne se fait pas sans résistance, sans coups d'état, sans violences réciproques; le pouvoir passe d'une main à une autre; il flotte quelquefois incertain. Au milieu de ces conflits, l'ancienne constitution, qui avait disparu, n'est remplacée par aucune autre; rien n'est fixé, rien n'est défini; et lorsqu'arrive la révolution, on est fondé à conclure, avec M. Lanjuinais, que « ce qu'on a vu s'écrouler en 1789 n'était point l'ancienne constitution, mais la dernière des formes incertaines du despotisme et de l'anarchie, substituées à l'ancien gouvernement représentatif. »

Le besoin d'une réforme se fait généralement sentir; elle est inévitable : mais, dit M. Lanjuinais, « on ne calculait point l'opposition probable des courtisans et des autres privilégiés; on considérait leur petit nombre; on ne prévoyait pas leurs artifices, ni l'appui qu'ils trouveraient dans la faiblesse ou les préjugés du prince, dans l'ignorance et la misère du pauvre, ni leurs plans, bientôt conçus et pra-

» tiqués sans cesse, de *pousser à tous*
» *les excès, pour crier au scandale, et*
» *déshonorer enfin tout le système de*
» *réforme, pour mieux l'étouffer;* ni
» leurs émigrations hostiles, ni leurs
» mouvemens continuels de guerre ci-
» vile et de guerre étrangère. On ne
» songeait pas surtout aux effroyables
» mesures, aux lois déréglées qui naî-
» traient de leur résistance; on ne son-
» geait pas assez aux intrigues des am-
» bitieux, aux ruses des traîtres, aux
» fureurs des partis, et aux suites fu-
» nestes des doctrines exagérées, ou im-
» prudentes, ou perverses. »

Ici l'auteur ouvre une large thèse, qui, méditée, approfondie, plus développée, allégerait la révolution d'un grand poids : il prétend que la plupart des excès révolutionnaires furent excités par les nobles eux-mêmes, et il cite des faits palpables à l'appui de cette assertion. Ne pouvant arrêter le char, ils voulaient du moins le précipiter.

Les bornes de cet article ne me permettent pas de suivre l'auteur dans l'historique de toutes nos formes de gouvernement; l'anarchie effervescente, l'insuffisance du directoire, le consulat métamorphosé en empire, cet empire gigantesque au dehors, oppresseur au dedans; les émigrés devenus écuyers et chambellans du nouveau maître, « et se » renforçant, à cette école, dans la pra- » tique et la théorie de l'obéissance » passive, à laquelle déjà ils étaient » dévoués. » La France gouvernée, non par des lois justes et librement délibérées, mais par des sénatus-consultes de commande, des décrets de propre mouvement, des avis de l'éternel conseil d'état; une volonté unique mise à la place de la volonté de tous; les peuples attaqués, vaincus, humiliés, exaspérés: mais bientôt l'arc de l'Europe tendu contre nous, et notre territoire envahi par l'étranger. « Ainsi (dit M. Lanjui- » nais, en finissant ce tableau), ainsi » fut renversé avec fracas le nouvel em- » pire. La superbe ville de Paris capi- » tula une première fois devant l'en- » nemi; et les Bourbons, dans la personne » de Louis-Stanislas-Xavier, furent rap- » pelés au trône des Français, pour les » gouverner par une constitution re- « présentative. Ce trône avait péri des » contre-coups *provoqués par les opi-* » *niâtres complots des privilégiés*, ses » aveugles défenseurs, et il a été ra- » mené par l'homme qui semblait de- » voir en consommer la ruine. *Ren-* » *versé par l'aristocratie privilégiée*, » *rétabli sans elle, il ne s'appuie plus* » *sur elle.* »

L'auteur profite du petit intervalle qui s'écoule entre l'abdication de Napoléon et l'établissement d'un nouveau gouvernement, pour respirer un instant à l'aise. Il explique la conduite du Sénat pendant ce court interrègne; il essaie même de justifier ce corps *de ses complaisances envers Napoléon*. Mais si cette apologie du Sénat a quelque chose de généreux de la part d'un sénateur auquel on ne peut reprocher personnellement aucun acte de faiblesse, il est permis à d'autres de se montrer plus sévères, de réclamer contre la servilité dont, en général, MM. les sénateurs firent profession, et de remarquer que tant d'obséquiosité n'a pas toujours tenu à la crainte du maître et au danger de lui résister, puisqu'on en a vu plusieurs sous le gouvernement représentatif, parler et voter, comme aux plus beaux jours du despotime impérial, toujours en sens inverse de la liberté.

Dans le même chapitre, M. Lanjuinais raconte des anecdotes curieuses sur la préparation, la rédaction et l'octroi de la Charte. Et s'il éprouve quelque regret de ce qu'elle ne fut pas rédigée en forme de contrat synallagmatique, il s'en console par cette considération : « Elle fut bientôt le sujet d'adresses de re- » mercîmens votées dans chaque Cham- » bre, et présentées au Roi. De ce mo- » ment il fut vrai que la Charte avait » été *acceptée suffisamment par les re- » présentans de la nation*, tant électifs » que viagers; et le *pacte* entre les Fran- » çais et la famille des Bourbons, in- » terrompu depuis 1792, se trouva re- » nouvelé. Il a été juré depuis très ex- » pressément par le Roi, par les Princes » et les deux Chambres : il reste encore » à *l'exécuter* complètement, à le déve- » lopper, à l'améliorer un jour. »

Le chapitre suivant, qui est intitulé *Exécution de la Charte durant la première restauration*, est un des plus curieux du livre.

Il ne peut s'analyser, il faut le lire en entier, pour y voir le plan formé par certain parti, d'arrêter à tout prix l'action de cette loi fondamentale. Ceci amène naturellement le 20 mars.

La nation avait désiré plus de franchise, plus de bonne foi, plus de garanties; mais elle n'avait pas désiré le retour de Bonaparte. Il n'a pas été ramené; on l'a *laissé passer*. Ce n'est le crime de personne, précisément parce que ce serait celui de tous.

Bonaparte arrive au nom de la liberté; mais il ne la donne que *par addition aux Constitutions de l'Empire*. Il veut se rattacher à une sorte de légitimité impériale. La première illusion est aussitôt détruite, et si l'on ne désobéit pas à sa voix, c'est uniquement parce que le territoire est menacé, et qu'il est à la tête de l'armée qui le reconnaît pour son chef.

Mais ce qui doit être surtout remarqué, c'est que pendant les cent jours, une Chambre librement élue, vraiment nationale, maintient la balance des pouvoirs, le crédit public, l'exécution des lois ; sert de point de ralliement à la nation, empêche le déchirement des partis, et se prononce franchement pour un *gouvernement constitutionnel, monarchique et représentatif*.

Celui que la France possédait avant le 20 mars lui est rendu le 8 juillet. On devait espérer qu'il n'y aurait pas de réaction. Une capitulation solennelle, signée les armes à la main, avait formellement garanti que personne ne serait recherché pour *ses fonctions, sa conduite et ses opinions*.

Telle était sans doute l'intention du Roi. Mais ce même parti qui avait traversé l'exécution de la Charte, après la première restauration, et qui n'en voulait pas davantage sous la seconde ; ce parti ne crut pas pouvoir se passer de vengeance. « Il parut ouvertement » comme une faction anarchique et fu-

» rieuse; il s'annonça, dans le midi et
» dans l'ouest, par des attroupemens
» armés, par des pillages, des démoli-
» tions, des massacres; s'emparant des
» élections par violence, maîtrisant en-
» suite les deux Chambres, dominant
» dans les administrations, dans les tri-
» bunaux; menaçant, épurant, exilant,
» proscrivant, persécutant de toutes
» manières l'immense majorité des Fran-
» çais; s'arrêtant parfois, reculant par
» nécessité dans sa trop vive allure, et
» toujours reprenant sa marche rétro-
» grade; conspirant sans cesse, au de-
» dans et au dehors, contre la patrie et
» sa nouvelle loi fondamentale. »

Mais enfin, la Chambre fut dispersée par l'ordonnance du 5 septembre 1816; la loi des élections, celle du recrutement furent portées; les *notes secrètes* sont restées sans effet; l'étranger s'est retiré; une nouvelle tentative contre le système électoral a échoué, et, « par la

» formation d'un nouveau ministère, le » pouvoir royal a dissipé les alarmes, » rétabli l'harmonie, et fait renaître de » justes espérances de liberté constitu- » tionnelle. » Ces espérances reposent sur les garanties données par la Charte.

Là se termine la partie historique de l'ouvrage, et commence celle que j'appellerai volontiers *dogmatique*.

Celle-ci est un Essai de *Traité sur la Charte*.

Chacun des droits privés ou politiques qu'elle assure aux Français y est analysé, défini, développé. On y trouve les principes, les déductions, les conséquences qui résultent de chaque article; ce qu'il convient de faire pour l'exécuter, voire même pour l'améliorer quand il en paraît susceptible.

Sous ce point de vue, l'ouvrage est un Traité de *Droit public intérieur*, tel qu'il conviendrait de le professer dans les écoles de Droit, tel qu'il le sera probablement, lorsqu'on mettra à exécution l'ordonnance du Roi, qui institue de nouvelles chaires de Droit public dans la Faculté de Droit de Paris.....

La stabilité du gouvernement actuel est tellement dans le vœu de M. Lanjuinais, qu'il commence par poser en principe, « que la révocation de la Charte » ne saurait dépendre de la seule vo- » lonté des rois. » Et en effet, où en serait-on, si, à chaque mutation de règne, le sort d'une nation de trente millions d'hommes pouvait être remis en question, et livré derechef au caprice des hommes de cour et à la merci des factions?

Les droits des Français, tels qu'ils résultent de la Charte, sont de plusieurs sortes.

« Il en est qui sont universels, ou » communs habituellement à tous les » Français, savoir :

» 1°. Liberté personnelle ou indivi- » duelle ;

» 2°. Liberté d'opinion ou de reli-
» gion;

» 3°. Liberté de la presse;

» 4°. Droit de propriété;

» 5°. Égalité devant la loi;

» 6°. Franchise de tout le régime im-
» périal de la conscription;

» 7°. Droit de pétition.

» Il y a d'autres droits constitution-
» nels qui n'appartiennent qu'à certai-
» nes classes de citoyens; ce sont:

» 1°. La noblesse nominale ou titu-
» laire, autrement sans priviléges réels,
» et surtout *sans exemption des devoirs*
» *et des charges de la société*;

» 2°. Les grades, les honneurs et les
» pensions militaires acquis avant la
» restauration;

» 3°. Les grades et les honneurs de la
» *Légion-d'Honneur*;

» 4°. La sécurité pour les votes et les
» opinions émis avant la première res-
» tauration. »

Il me serait impossible de suivre M. Lanjuinais dans le développement de toutes ces matières : elles ne sont guère susceptibles d'analyse. La manière de l'auteur est nerveuse et serrée ; ses raisonnemens peu étendus, mais rigoureux et précis. Il suffit de connaître la division générale de son livre, et du reste, on peut être sûr que, fidèle à son titre, il n'est aucun chapitre sous lequel on ne trouve les vérités fortes, courageuses, que la matière comporte, et qu'il est utile de proclamer, sans les atténuer par aucune concession.

On y voit partout le chrétien fidèle, mais tolérant ; l'homme d'état expérimenté, le jurisconsulte profond, le bon Français.

Pair de France, il justifie sa noblesse, comme institution politique, comme magistrature, nécessaire peut-être au balancement et à la pondération des pouvoirs ; mais combien il est loin d'y attacher ces idées d'orgueil, de vanité et de petitesse qui font si souvent l'apanage des gens titrés !

Aussi le chapitre de M. Lanjuinais sur la *noblesse* est-il un des plus curieux à lire.

Il prend pour épigraphe ce vers de Juvénal,

Nobilitas sola est atque unica virtus,

et ces deux vers de Voltaire,

Les mortels sont égaux ; ce n'est point la naissance,
Mais la seule vertu qui fait la différence.

« Vous le voyez, dit-il ensuite; la » raison ancienne et nouvelle ne reconnaît de noblesse que l'éclat personnel » de la vertu, c'est-à-dire du talent, » des services, du mérite moral avant » tout, et puis du mérite militaire et » civil. »

La noblesse de France était d'abord attachée aux fonctions, et simplement

personnelle. « Sous des rois faibles et
» imprudens, elle devint héréditaire;
» ensuite elle se partagea la puissance et
» les revenus publics, ne reconnaissant
» que la suzeraineté royale. D'usurpa-
» tions en usurpations, elle fut, au der-
» nier degré, oppressive et anarchique.
» Abattue par la ruse et le despotisme
» des rois et de leurs ministres, tou-
» jours restée onéreuse à l'État, quoique
» devenue inutile d'après le changement
» des mœurs, le progrès des lumières,
» du commerce et de l'industrie, elle se
» montra de plus en plus entreprenante,
» méprisante, exclusive, dissolue, avide
» et tracassière; en sorte qu'elle fut to-
» talement abolie en juin 1790 (1). »

---

(1) On peut consulter l'*Histoire de la noblesse révolutionnaire et des nobles sous les soixante-huit rois de la monarchie*. Paris, 1818; 2 vol. in-8°; chez Baudouin frères. Que de nouveaux faits survenus depuis!

Plus loin, M. Lanjuinais examine comment s'était formée cette noblesse ancienne, « dont la plus vantée est celle » qui, par la suite des générations, se » trouve la plus éloignée du mérite vé- » ritable ou supposé d'où elle est pro- » venue. » Rien de plus versatile, de plus léger; rien de plus précaire. « Elle » s'effaçait par la dérogeance, ressusci- » tait par un diplôme, et périssait, à » vrai dire, faute de paiement de taxes » périodiques et arbitraires. Elle ne se » fonde pas seulement sur la descen- » dance par mâles, puisqu'il y avait de » la noblesse utérine et des épouses in- » fidèles; sur une descendance antérieu- » rement légitime, puisqu'elle se pro- » pageait par bâtardise; ni sur des des- » cendances vraies, puisqu'il y en a tant » de supposées par *des abus montés au* » *comble* (1); sur le mérite d'un père

(1) Cela est si vrai, qu'*avant la révolution*,

» ou d'un mari, puisqu'elle s'acquérait » par la possession d'un domaine, et, » deux siècles durant, par le simple fait » du domicile à Paris, par la prescrip- » tion, par l'argent, par les offices les » plus vulgaires, même les plus hum- » bles, quelquefois les plus ridicules; » par le vice et par le crime : enfin, » toute noblesse, dans son principe, a » été faite *à volonté;* elle vient d'enno- » blissemens certains, connus ou incon- » nus; et des nobles d'ennoblissement » inconnu, il en subsiste à peine un » vingtième. »

Si l'auteur n'avait pas jugé à propos de laisser en blanc (au moins jusqu'à nouvel ordre) le livre IV, où il se proposait de traiter de la *révision de la Charte,* je ne doute pas qu'il n'eût voté l'abolition de toute noblesse héréditaire.

---

on disait par forme de proverbe : *En France, est marquis qui veut.*

En attendant, il se contente de la signaler comme inutile, et comme parée de vains titres dénués de réalité :

Sunt verba et voces prætereaque nihil.

Malgré les imperfections que M. Lanjuinais a cru devoir faire remarquer dans notre droit public, son respect et son attachement pour la Charte percent à chaque page de son livre.

« La Charte, dit-il, est, tout balancé, l'une des constitutions les plus » libérales de l'Europe; elle convient » en général, à l'état de la nation française et à l'esprit du siècle........ » Quand nous serons délivrés sans réserve des mesures d'exception et de » suspension qui nous ravissent encore » une partie de ses bienfaits, quand elle » aura reçu les développemens nécessaires qu'elle promet, et les autres » dont elle contient l'heureux germe; » enfin, quand elle sera complètement

» exécutée, selon son texte et selon son
» esprit, selon cet esprit de liberté,
» d'égalité, de justice et de sécurité qui
» la caractérise : alors, sans attendre,
» mais sans oublier aussi les perfection-
» nemens provoqués par le Roi, en
» 1815, nous l'appellerons, sans flatte-
» rie, notre vrai palladium, notre pré-
» cieux trésor; nous y reconnaîtrons
» la mesure de liberté raisonnablement
» désirable dans une vieille civilisation,
» après des siècles de despotisme, et tant
» d'intervalles d'anarchie; après trente
» années de discordes publiques, et tant
» de crimes commis au nom des doc-
» trines libérales, dans l'intérêt des doc-
» trines serviles. »

M. Lanjuinais est mort le 15 janvier 1827. Sa perte a excité les regrets de tous les gens de bien. Il a laissé deux fils : l'un, héritier de sa pairie, et qui le sera certainement de son amour pour le bien public et la liberté ; l'autre, avocat, destiné à nous rappeler la droiture et la vaste doctrine qui a si éminemment distingué l'illustre professeur de la Faculté de Rennes et de l'Académie de Législation.

L'éloge de M. Lanjuinais a été prononcé au sein de la Chambre des Pairs, le 7 mars 1827, dans un discours de M. le comte de Ségur, où l'on retrouve l'élégance et la sincérité qui distinguent les compositions historiques de ce noble écrivain.

FIN.

www.ingramcontent.com/pod-product-compliance
Ingram Content Group UK Ltd.
Pitfield, Milton Keynes, MK11 3LW, UK
UKHW020428200726
13857UKWH00002B/331

9 782012 997103